译文经典

理性时代

The Age of Reason

Thomas Paine

〔美〕托马斯·潘恩 著

罗娜 译

上海译文出版社

目 录

第二部

原书编者按

1793 年年初，法国国王路易十六在革命浪潮中被送上断头台，民众的怒火转而直指"万王之王"，那些暴君们个个宣称正是受他的恩典统治着天下万民。然而世事难料，命运给他们送去一位伟大的英裔美国人——托马斯·潘恩。他曾为路易·卡佩①请命——"废黜其王，留其性命"。如今他请求大家——"勿信万王之王，且不可将其混同为我们在天上的父"。

在《理性时代》第二部的序言中，作者提到他 1793 年年末写作第一部时的情境。"我自始至终处于那样一种状态，直至完成拙作，充其量不过是六个小时之后，凌晨三点左右卫兵就来了，手执由公共安全委员会与一般安全委员会共同签署的逮捕令，要将我投入监狱。"此事发生在 12 月 28 日清晨。我们有必要重新掂量此处援引的字句——"我自始至终处于那样一种状态。"因为弗朗索瓦·朗特纳在 1794 年8 月 5 日上书请求释放潘恩时写道："我给梅林·德·蒂永维尔寄去一份托马斯·潘恩新作（即《理性时代》），我曾与后者共事，自从国民公会颁布驱逐异邦人员法令之后他被拘至今。此书成于九三年（遵旧时体例）之初，我在革命群众反对教士之前已将其移译成法文，该译本几乎与原作同时面世。我曾寄送一份给库东，他似乎对我翻译此书心有不悦。"

在库东——罗伯斯庇尔最穷凶极恶的同党之一——的刁难下，该作品在这一时期似乎遭到全面查禁而最终不曾公开出版，刊行日期为 1793 年的版本在法国与别处皆无迹可寻。在本卷收录的潘恩致塞缪尔·亚当斯[②]的信件中，作者提及他已托人将此书译为法文，其目的在于扼制无神论泛滥，并坦言自己因"反对无神论"而性命堪虞。照朗特纳所言，他将法译本呈送库东之时似乎是 1793 年 3 月下旬，而惩办教士的议案乃于 3 月 19 日与 26 日先后通过，此时民众对神职人员的怒火已达到顶峰。倘若人们依然记得库东这个人在道德上有着比其残废的身体更丑陋不堪的畸形扭曲，以及垂悬在不被"当权派"认可的纯粹理论言说者头顶上的死亡阴影，那么潘恩这部著作给库东造成的不悦看起来极有可能会使作者本人及其译者陷入命悬一线的危险境地。5 月 31 日，吉伦

---

① 国王之姓。据路易·马德林（伍光建译）所著《法国大革命史》，康巴塞雷斯传谕国王到议会厅答复三十三条诘问时，即如此称呼。——译者
② 塞缪尔·亚当斯（1722 年 9 月 27 日—1803 年 10 月 2 日），美国革命家、政治家，美国人心中的革命之父。——译者

特派遭到指控，朗特纳在逮捕名单之中，且险些未能逃脱；也就在当日，丹东奉劝潘恩不要在国民公会露面，因为可能有生命危险。不论这一危险是否归咎于《理性时代》，归咎于它对"神性本质"的冷嘲热讽，作者与译者两人所言是彼此前后一致的，这一点从潘恩在第二部分序言中提到的由作者本人提供了一份篇幅大增、改动甚多并作出版之用的英文手稿这一事实得到印证。

我逐句对照该著作的法、英版本，结果证明朗特纳1794年寄给梅林·德·蒂永维尔的译本与他在1793年寄给库东的译本是相同的。这一发现得以让原作某些妙趣横生的词句重见天日。法译本中这些看起来颇为重要的短语小句我已以脚注形式译出。熟悉朗特纳译笔的读者自然清楚他是一位坚持忠实于原作的直译派，他甚至对某个（如今看来）显然有必要异于原文的实例也不曾作出改动。朗特纳也不会删减省译任何段落。作品最初分为十七章，我如数保留并将各标题译成英文。如此一来，《理性时代》方才首次几乎以全貌之姿呈现在世人面前。

我们应该铭记的是，潘恩应该不曾读到《理性时代》（第一部）的校样，因为出版社审阅之时他正身陷囹圄。这一点导致的后果是，文中有些句子在他所描述的匆忙之下都是言犹未尽的略语。其一显著的例子就是他在评价耶稣时隐去了某些语词，朗特纳将其译为"太少被效仿、太多被遗忘、太多被误解"。①此处补增数语乃是致敬潘恩，这一举动尤其让人清晰地看到，那个时代的神学研究者们对耶稣的凡人角色与生活的承认几乎仅仅出自长久以来被人们贴上耻辱标签的一位异教徒之手。

身在牢狱，谈任何修改补遗都是枉然，这必然导致我们如今皆已知晓的、文中存在的唯一一处错误未曾得到及时订正；若不是出于对原作的极端忠实，朗特纳该是要纠错的。那就是潘恩反复提及、作为例证的"六颗行星"之说，而著作出版之时距离发现天王星②已有十二年之久。潘恩对天文学满怀热情，当全世界为赫歇尔的发现欢呼雀跃时，潘恩绝不可能对此漠然无视。文中对这一发现只字未提，由此我相信这段有关天文学的内容乃是摘自写于1781年天王星被发现之前的某份手稿。1793年的潘恩不谙法文，他可能没有发现朗特纳译本中的错误，况且他没有时间誊写副本，因此在为英语读者撰述文稿时，自然而然地尽可能采用同一份原稿。然而他没有机会修订，于是书中留下了一处错误；若我推测无误，此处错误可作为一段重要的佐证信息，为他委婉论及的、有关本书撰写过程的几段文字提供了解释说明。他提到自己发表《常识》（1776）后不久便发现"政治体制发生革

---

① 原文为法语：*trop peu imité，trop oublié，trop méconnu*。——译者

② 太阳系由内向外的第七颗行星。1781年3月13日，威廉·赫歇尔爵士宣布发现天王星。——译者

命之后，有相当大的可能性会继而发生宗教改革"，而且
"人们将会回归到纯粹、唯一的上帝"。他告诉塞缪尔·亚
当斯，公开发表他的宗教思想是多年以来的心愿，类似的话
他在 1776 年对约翰·亚当斯①也提起过。与潘恩颇有渊源的
那些贵格会教徒②，对于《圣经》中任何与个人"内心灵
光"契合共鸣的内容，他当时一样大可套用"上帝之言"这
种说辞。他在援引《撒母耳记上》中耶和华对君主政体的谴
责时，约翰·亚当斯这位一神论者问他是否相信《旧约全
书》神的感应，潘恩的答复是否定的，并且后来打算公开发
表他对这一问题的看法。毋庸置疑的是，在美国内战期间，
他时不时将自己的宗教观点整理成文，但不曾交付发表；正
如他曾钻研过蒸汽船，并发明了一种切实可行的操作方法
（比约翰·费奇早了十年），同样也不曾发表。无论如何，
在我看来确信无疑的是，《理性时代》一书中与潘恩最喜爱
的科学——天文学有关的内容乃是写于 1871 年天王星被发现
之前的某个时期。

潘恩的一神论主张不管充斥了多少《圣经》语言和基督
徒式的措辞，那仍是他与生俱来的权利。从《理性时代》中

---

① 约翰·亚当斯（1735 年 10 月 30 日—1826 年 7 月 4 日），美国第一任副总统，
其后接替乔治·华盛顿成为美国第二任总统，《独立宣言》起草委员会的五个成
员之一。——译者
② 潘恩的父亲是一名贵格会教徒。贵格会是基督教新教的一个派别，主张和平主
义和宗教自由。——译者

作者对贵格会教徒所作的多处论述，我们可以清楚地知道，在其早期阶段，或者说在十八世纪中叶以前，那些被称作贵格会教徒的人们本质上都是自然神论者。关于潘恩的这一论断，我在写作过程中发现列夫·托尔斯泰为伦敦《泰晤士报》对名为"灵性斗士"的俄国派教徒作了一番说明，其中有一段不失为一个有趣的佐证（详见 1895 年 10 月 23 日《泰晤士报》）。此派发源于上个世纪，文中如是说：

"后来被称为'灵性斗士派'教义的第一颗种子，乃是一位来到俄国的异邦人撒播种下的，他是贵格会教徒。他所信奉的贵格会教义，其基本思想是：人的灵魂之内驻有上帝，上帝通过内心灵光之言引领众人。上帝以物质之形存于自然、以精神之态居于人的灵魂。灵性斗士派看待耶稣，如同看待某位历史人物，并不赋予其超乎寻常的重要性……耶稣是上帝之子，但只在我们自称为'上帝之子'的意义上而言。耶稣受难的目的，仅仅在于向我们示范为了追求真理要遭受怎样的磨难。1818 年造访灵性斗士派的贵格会教徒们，在这些宗教问题上与前者无法达成一致共识；了解到他们有关耶稣基督（是凡人之身）的观点，他们高呼《旧约全书》与《新约全书》尽是黑暗，他们说，'我们只接受有用的东西，'大多是些道德训诫。……灵性斗士派的道德观念如下：人人天生平等；不论外在差异如何，都无足轻重。就是这种人人平等的思想，使灵性斗士派教徒们拂逆统治阶级的权力意志，致力将其传扬四方。……但在众教徒之间，他们设立高低等级，更重要的是，形成了一个君主政体式的自治政府，与其秉持的思想观念截然相反。"

这是伊莱亚斯·希克斯①尚未出生的很久以前传至俄国的早期贵格会教派思想，而希克斯正是从潘恩那里获得启迪，美国的贵格会教徒却在潘恩死后拒绝以教内丧仪将其妥善安葬。尽管潘恩痛斥政教合一，但他理想中的共和政体却具有宗教性质；那是建立在平等概念之上的政体，这种平等乃是基于"世人皆为上帝之子"而生发的理念。这一信仰同样促使他承担起反对那些"上帝选民"、祭司教士、"承上帝之恩典"统治万民的君主或贵族阶层等诸如此类自命不凡、声称"独蒙上帝恩典"的言论。潘恩的"理性"只是贵格会教徒"内心灵光"的延伸；与《人的权利》与《理性时代》中主张的共和主义与自然神论思想相比，他的这种理性所产生的更深刻的影响，我们从其后来的宗教热忱可以窥见一二，这种热忱使他成为乔治·福克斯②的精神继承者。

潘恩的初衷绝非提出质疑，而是意在极大地启发民众。直到年届五十七，他才将自己坚定的宗教思想公之于众，是

---

① 伊莱亚斯·希克斯（1748 年 3 月 19 日—1830 年 2 月 27 日），贵格会（又称公谊会或者教友派）信徒，他倡导的教义强调内心灵光，倾向于自由主义神学，思想较开放而具争议性，某种程度上导致了贵格会内部首次重大教派分裂。——译者

② 乔治·福克斯（1624 年 7 月—1691 年 1 月 13 日），贵格会创始人。——译者

因为他渴望找到某种积极可行的体系来代替他认为目前已经分崩离析的信仰。曾经协助潘恩制作铁桥模型的英国工程师霍尔在其1786年写给友人的信中提到："我的雇主拥有足够多的常识不去相信大多数稀松平常而系统化的神学理论，但他自己似乎并未有任何建树。"然而五年之后，潘恩得以奠定其理论神庙的基石："就宗教本身而言，不考虑它被冠以的各种名称，当它自身从人世间的芸芸众生指向全人类尊崇的'神圣对象'时，正是人把他自己的内心之果敬奉给他的造物主；虽然这些内心之果与天下一切生灵之果一样彼此千差万别，但每个人的感恩赞颂都会得到接受与认可。"（摘自《人的权利》，详见康威编纂的《潘恩著述集》卷二第326页）此处我们再现了乔治·福克斯对那位"否认上帝之光与灵存在于每个人内心，并以印第安人即是如此来印证这一说法"的权威神学家的驳斥，"因此我请来一位印第安人，我问他'撒谎或者作恶害人时，内心是否会自我谴责勿要如此？'他说，'他内心的确会谴责自己；而且若是作了恶或者说错了话，他会感到羞耻。'于是我们使那位权威神学家在总督和信众面前感到无地自容。"（摘自《乔治·福克斯日记》，1672年9月。）

潘恩新创了"人的宗教"一词（详见《北美的危机》第7页，1778），但他只在《理性时代》一书中从逻辑上为其进行了辩护，具体做法是：拒绝承认任何特定群体得到过特殊的神启、否认任何特定教会机构拥有神圣的权威。一百年之后，这部饱受诟病的作品受到政教合一制度的著名保守派拥护者贝尔福爵士的称颂，他在其著作《信仰之基础》中断言，除非荆棘上能长出葡萄来，否则"神启"不可能不临至那些伟大的东方教师们[①]。

1895年10月10日在英国诺里奇举行的教会会议同样为纪念《理性时代》全本刊行（1795年10月25日）举办了百年庆典。英国皇家学会会员、曼彻斯特教堂教士邦尼当时宣读了一篇论文，其中有如下这番话："我无法否认的是，我们先辈对早期成书的《圣经》书卷普遍赋予的历史价值中，部分已经因为日益增长的科学知识而荡然无存。除非我们以漫不经心的玩笑态度对待这白纸黑字和科学研究，否则《创世记》中的创世故事无法与我们学到的地理知识和谐一致。它包含的那些民族学记述，若谈不上某些内容存在偏差，那也是有疏漏之嫌的。人类堕落、大洪水以及巴别塔的故事如今看来都令人难以置信。某些历史元素或许构成了此书前十一章中诸多传说的基础，但是，对此我们无望探查最初的真相。"邦尼教士继而还提到，《新约全书》中的四部《福音

---

① 基督教教义认为神在教会中设立的第三位是继使徒与先知之后的"教师"。《圣经》注释者认为，教师所宣讲的内容与前二者并无不同，但宣讲对象有别：使徒宣传的对象是不信者、犹太教徒和异教徒；基督教先知宣讲对象是整个教会；而教师讲授的对象则是那些已经学习基督教初步理论但需要接受进一步培养的人。——译者

书》并非如我们所知的那样属于完全与当时保持同步的历史记录，因此我们必须承认，借由口述传统而代代相传并留存至今的那些人物事件，其在细节上存在变化甚至偏误，是有可能的。邦尼教士认为，真人其事与记录成书的间隔时间太过于短暂，使得新增内容难以具有宗教的严肃性，然而任何此类疑问一概永无定解，这也恰恰说明，理性的时代即将来临，它与我们当下仅距咫尺之遥。单单凭借理性的力量，我们就可以辨别有多少文句如同"作见证的有三，圣灵、水与血"（《约翰一书》 5：8①）那样纯属胡编乱造，也可以决定自己的宗教虔诚是否应该"严肃"到生生断送正直高尚之人的性命，并连带着葬送掉迫害者的仁慈博爱之心。人们之所以添文加注，是因为他们相信自己这么做乃是虔诚所致、情势所需。我们会在本书第二部的一条注解中读到，潘恩提醒读者留意，在美国发行的第一版中有一处改动，但他并未点明那是编者所增加的脚注。该脚注内容是："《路加福音》是唯一为大多数信徒所铭记信奉之作。韦德·莫舍姆据历史考证勘误校正。"当时身在美利坚的普里斯特利博士对潘恩此书作出了回应，他援引的《理性时代》其全部内容尚不足一页，引文中却有三处篡改——其一便是将"教会神话学家"

---

① 据《和合本圣经》与英皇《钦定本圣经》，《约翰一书》 5：7：并且有圣灵作见证，因为圣灵就是真理。5：8：作见证的原来有三，就是圣灵、水与血，这三样也都归于一。——译者

擅自改为"基督教神话学家"——并将上述编者增加的脚注移至正文，略去莫舍姆这一旁注。事成之后，普里斯特利接着写道："关于《路加福音》是唯一为大多数信徒所铭记信奉之作的这种说法，倘若不是潘恩先生自己的杜撰，那也是出自某个不见得高明多少的所谓权威之手。"实情便是如此，对于作者不曾写过的言辞凭空生出的奚落责难，凡此种种不一而足；而就在潘恩此书出版的同一年，普里斯特利本人无意间也充当了将此处篡改添进正文的中间人角色。

倘若一个认真严谨、对潘恩又并非怒目相向的人都有可能如此行事，倘若像普里斯特利这样的作家在援引半页内容时能犯下四个错误，那么如我所言，《理性时代》的现代普及版中，包括上下两部，我已经找出大约五百多处与初始版本不一致的地方，这就不见得是多么令人惊讶的事了。这其中，大部分是心怀善意的编辑们为了修正潘恩的语法或拼写错误日积月累努力的结果；有些是印刷错误或类似的失误；还有一些则是因为有人曾经秘密刊印潘恩手稿中的第二部，并私自在伦敦售卖，该版本准确性存疑，错漏之处留存至今。这些事实愈发凸显出潘恩所给的以下这条注释的重要意义："倘若这种事情在如此短暂的时期内都会发生，况且还有避免个别副本出现偏误的印刷技术充当帮手，那么，在比这悠久得多的时期之内，又有什么不会发生呢。彼时没有印刷术，而且任何懂得书写之人都可以弄出一份抄件并称其为初本，这些人之中可能就包括马太、马可、路加或者约翰。"

然则相较之下，最令我感到震惊的却是几位堪称我们这个时代最杰出的学者因为事先不曾深入了解潘恩而犯下的一些错误，说出来不失为传统偏见对世人荼毒至深的例证。比如赫胥黎教授，谈及十八世纪的自由思想家时，他欣赏其中那些佼佼者们所展现出来的敏锐、决断、才智以及博大宽广的人文情怀。但是他说，"在妥善进行严肃繁复的调查研究方面，他们实在乏善可陈"，并且还说，他们与其论敌无一例外都具有"先验性地进行哲学探讨这一致命弱点"。（摘自《科学与基督教传统》第 18 页，朗恩主编，1894 年）赫胥黎教授没有提到潘恩，显然是因为他对其一无所知。然而，潘恩代表着人类历史上自由思想运动的转折点；他放弃"先验的"方法，拒绝对外宣称超出纯数学范围之外任何不可能存在的事物，一切言论有据可依，他其实是赫胥黎学派的创建者。他的诸多先见后来都出现在我们这个时代的理性主义领军人物所主张的思想观念之中，这些人包括斯特劳斯和鲍尔（二者是详细阐述"基督教神话学"的先驱）、勒南（率先致力于恢复耶稣的人类身份），尤以赫胥黎最为突出；后者重述了潘恩对手抄本《圣经》与正典《圣经》可信度的质疑、关于耶稣复活不同叙述之间存在矛盾的论证以及许多其他方面的观点。在回顾赫胥黎思想这一点上，没有谁比笔者更忠实可靠，也正是因为我尊他举足轻重的引导之功才在本文论及，以此作为典型例证，来说明经由以他为首的那些人挑选出来的自由思想家们，在多大程度上可能于无意之中反而成为他们恰恰针锋相对的空想的受害者。他说，巴特勒颠覆了十八世纪涌现的自由思想者类型，而潘恩是十九世纪的类型，正是由于他的批判性方法才使他比之前的自然神论者引发了更多敌意和仇视。他迫使护教家们为《圣经》中的记述进行详尽细致的辩护，从而含蓄地承认由这些记述所引发的理性与知识对其正误的裁断之正当合理。宗教法庭的最终回应是承认判决。英格兰在一百年前查禁了潘恩的著述，许多诚实正直的英国人因为印发传阅他这部《理性时代》而被投入监牢。同样的思想观念如今人们可以自由表达，在高等学府或学术中心甚至教会会议上都能聆听得到；但是潘恩遭到的查禁，始于顽固偏狭和愚昧无知，并且因为处于我们这个理性的时代中的代表们对先驱者与创建者们长久以来采取冷淡漠视的态度而得到延续。这对他们及其事业而言是极为惨痛的损失。倘若不了解托马斯·潘恩著作中所剖析的宗教具体演化阶段，我们根本不可能理解英美两国的宗教历史。在由之引发的种种争议声中，同时应运而生的还有在巴黎与纽约成立的神学博爱教会，以及在美国分化出的贵格会理性主义支派等具有现实意义的多番成就。

　　不论我们这个时代的学者们对《理性时代》抱持怎样的态度，与潘恩同时代的那些文人却是相当郑重其事的。以学识渊博的兰达夫大教堂主教理查德·沃特森博士当先,一大批饱学之士都对潘恩此书作出了回应,这变成了一种信号,标志着宗教体系由此开始了一系列延续至今的妥协与让步;而世人所称的"广教派"在某种程度上的确就是《理性时代》催生的产物。限于篇幅,此处无法一一摘录潘恩所收到的回应(其中三十六条已由大英博物馆收录),不过值得一提的是,那些活动在布道坛上的神职人员们一贯流行慷慨激昂的言论之风,这些回应显然也都是各人无所禁忌、畅所欲言的结果。在此,我需要援引其论敌——学识渊博的剑桥大学耶稣学院前研究员吉尔伯特·威克菲尔德牧师所说的一段话。在潘恩引发恐慌的那段时期,威克菲尔德自始至终身居伦敦,对于人们如何诽谤中伤《人的权利》一书的作者,他全然了如指掌;但在辩驳潘恩所认为的——犹太人最初和在传统上并无宗教信仰,所谓的神迹是他们自己捏造而成,并且缺乏信仰正是陷其自身于不利境地的重要凭证——这一观点时,他间接地将这些诽谤铭刻在了人们的记忆之中。这位满腹经纶的牧师写道:

"我们所面临的问题尚且留有从潘恩先生本人身上得到进一步解释的余地。在这个国家里,他因为反对政府腐败而给自己招致了如此众多的仇敌,这帮毫无原则、在金钱面前俯首帖耳的家伙处心积虑抹黑他的人格、歪曲他生活中的一切作为。倘若时间就此流逝 1700 年,如今最新的著作就会形同我们今日所见的古文残迹，后人若存心想要鉴别此人在道德修养和国民质素方面的真实面貌，不说绝无可能，那不也是最最困难的事情吗？那么，在如此铺天盖地的怀疑之声中，未来时代的人们对真正的历史记录者们——如福音书的撰写者们——在缺少大量且强有力的旁证前提下会依然选择相信他们吗？这位作者志在改善普通人的生存境况，志在将他们从饱受压迫、贫穷和不幸折磨的泥潭之中解救出来，志在建立一个蒙受上帝无尽恩典、正直而平等的政府，然而他却遭人辱骂、残害、被做成假人焚为灰烬。他对人们怀揣仁爱之心，却承受着人们在这个国家每一处角落对他报以的各种侮辱和谴责。这一切在公正明理之人看来岂不是闻所未闻的咄咄怪事？我几乎要说简直像奇迹似的不可思议了。"在潘恩热切恳求人们饶其性命的路易十六被处决之后——他在英格兰被民众谴责为同谋——他把全副身心倾注于新宪法的制定，同时集结和补充完善自己关于宗教问题的著述。这份手稿，我认为应该是写于那间位于巴黎小佩里街 7 号、叫做怀特旅店或费城之家的地方。而新旧稿件汇集成册后（倘若我推测无误）则被命名为《理性时代》，并于 1793 年 3 月交予弗朗索瓦·朗特纳进行翻译。就在同一年，它被收录入"法国文学集"，题名为 *L'Âge de la Raison*（理性时代），而非 1794 年版本所标的 *Le Siècle de la Raison*（理性世纪）；后者印有 "Au Bureau de l'imprimerie, rue du Théatre-Français, No.

4"字样①，其作者据说是"美国公民及开国元勋、美国内战时期北方联邦政府外事部国会秘书、《常识》与《人的权利》的作者：托马斯·潘恩"。

当大革命逐渐升级为愈演愈烈的恐怖专政时，国民公会的唯一法律功能是拟定宪法，而潘恩不愿意掺和其颁布的诸项法令，于是抽身退隐到巴黎圣丹尼郊区63号一栋带花园的老式住宅。我最近在巴黎的国家档案馆中读到阿尔杰先生关于法国大革命时期人物细节的研究，书中提供了一些独到有用的信息；另有涉及潘恩彼时的房东先生吉奥吉特接受审判的报刊文章，同样显示63号并非如我所推测的那样是潘恩当时的栖身之所。阿尔杰先生陪我在周围查看，也无从辨别具体位置。吉奥吉特的被捕在潘恩论"健忘"的一篇论文中有所提及（详见《潘恩著述集》卷二第319页）。他在受审时，其中有一条指控是他收留了"潘恩及其他英国人"——潘恩当时身在牢狱。他（吉奥吉特）所在的"北郊"区控告他这条微不足道的罪名，但他并未因此获罪。该区占据了圣丹尼郊区东边地带，而如今的63号却在西边。吉奥吉特被捕之后，潘恩被撇在了这所巨大的庄园里（里克曼提到此处曾是蓬巴杜夫人的府邸），而且根据他的叙述，似乎是在他的吉伦特派友人和政治同仁们遭到处决之后，他感到自己命悬

---

① 前二者为《理性时代》不同法译书名，后一字样意为"法兰西剧院路，印刷公司"，4号。——译者

一线，于是才动手撰写其献给世界的最后一部文学遗产——《理性时代》。他写时始终处于起笔之时的情绪状态中，这是他慎之又慎的措辞。在潜心写作的两个月期间（1793年11月及12月），他有极大的可能性会被拖往刑场处决。他的宗教信仰声明是断头台的利刃悬在头顶时写成的——即便如此，这一事实也不曾阻止那些虔诚的神话学家们将他此番勇气可嘉的举动描绘成因为写下此书而懊悔莫及的临终忏悔。

在编辑《理性时代》第一部时，我严格参照了巴黎巴尔鲁瓦出版社根据作者手稿刊印的第一版，此版本无疑得到了乔·巴洛的授权监管，手稿则是潘恩在前往卢森堡的途中委托他代为保管的。美国人巴洛曾经是一位牧师，法国人在编写档案时对他作为投机商的这份职业透着贬抑之辞，而且在潘恩带去的重重考验面前，此人是否忠实可靠，我们也并不能完全肯定。

此处我要重申本人在着手编纂潘恩著作之初所作的声明，亦即，我所遵循的原则是修正明显的印刷错误，并酌情调整任何似乎会导致句义晦涩不明的标点符号。除此之外，我现下还要附加说明的是，在复核潘恩所摘录的个别篇幅太长的《圣经》篇章句段时，我同样采用这一原则。

1793年12月28日，潘恩在卢森堡入狱，1794年11月4日释放。他能安全出狱乃归功于一位（后来当选美国第五任总统的）昔日旧友詹姆士·门罗。他接替冷酷无情、曾是潘恩死敌的古弗尼尔·莫里斯，担任美国驻法国全权公使。门罗在监狱里找到潘恩时，由于食不果腹、寒冷以及在牢中患上的脓疮恶疾，后者已经奄奄一息，于是被直接送往公使先生的私人宅邸。没有人想到他还能挺过去，他这条命完全有赖于门罗先生与门罗太太的悉心照料。也因为如此，他被困在了自己的房间里，死亡的阴影仍然在他头顶盘旋，正是在这段时期内，他写下了《理性时代》的第二部。

该著作由西蒙兹出版社于 1795 年 10 月 25 日在伦敦出版，并对外宣称是"根据作者手稿"刊印发行。书中注明已进行"版权登记"，并附上一份"服务公众的书商"所写的辩护式序言，序中有关规避偏见与袒护之嫌并鉴于"二者"之故云云等老生常谈，此处我们无需摘录。而此时他的著作却又正在巴黎接受出版社的审阅，听闻伦敦已经出版，潘恩匆匆致信一位伦敦的出版商，此人很可能就是丹尼尔·艾萨克斯·伊顿，信件内容如下：

"尊敬的先生，我由伦敦报纸上的公告知悉，《理性时代》第二版（部）已刊印，该公告注明基于作者手稿出版并已办理版权登记事宜。然则，我从未将手稿交予任何人，故根据作者手稿刊印之说实属无中生有。我料想此举乃是出版商假借版权，实则无权如此。

"我寄送一份印本与您，这是我寄往伦敦的唯一副

本。我希望您以此为底稿，刊印拙作的普及版。我不知
何以有其他副本现于伦敦。若有他人提供手稿，我毫不
怀疑其内必定错漏百出。关于此事详情，我希望您能与
_____先生相谈，因为我想了解此种诡计究竟是通过
何种方式最终得逞，以及出版商是从何处获取所有
抄本。

　　　　　托马斯·潘恩，巴黎，1795 年 12 月 4 日。"

　　伊顿的普及版于 1796 年 1 月 1 日面世，上文所引的信件
内容附于扉页一并出版。信中空白之处原来多半是"西蒙
兹"字样，那位出版商可能是遇到骗子了。伊顿因为曾经印
发过潘恩的政治宣传小册，此时已身陷困境并逃往美国，
《理性时代》被换上了新的书名发行；出版商信息空缺；此
书据说由"大不列颠与爱尔兰的所有书商共同印刷售卖"。
同时也有人说作者是"出过好几部惊世之作的托马斯·潘
恩"。然而，除了我手头现有的这个版本，我从未见过此处
所说的这一来历不明的版本，显然它就是威廉姆斯检举告发
售卖之人从而遭到压制的那个版本。

　　我们把经潘恩修改后的版本与西蒙兹版两相对照，就会
发现后者存在不少笔误与文字错误，虽然影响文句意义的只
是少数。最糟糕的要数前言中具有误导性的年份"1790"，
执笔者以此表示潘恩于当年年末完成此书第一部分，而正确

时间应该是 1793——该处错误波及范围甚广，后来经奇塔姆之手以讹传讹。此人是为潘恩立传的美国"传记作家"，其著述初衷乃是为了证明潘恩的前后矛盾而中伤他。经手本书的几位编辑对西蒙兹版前言中的一句话深感沮丧，并以不同的方式将其改头换面，现援引如下："宗教迫害的不容异己之风已经自我转变成了政治把戏；革命法庭塑造了大革命，代替了宗教裁判所；国家的断头台超越了教会的烈火与柴垛。"誊抄此句的无赖之人对潘恩如何分外谨慎地掂量这些词根本一无所知，他哪里知道，潘恩是绝不会将迫害形容为"宗教迫害"，不会将断头台与"国家"相提并论，纵使砍头无数、血流成河，潘恩也不会承认断头台超越了火刑柱的血腥历史。潘恩的原话其实是这样的："教会迫害的不容异己之风已经自我转变成了政治把戏；革命法庭塑造了大革命，代替了宗教裁判所，断头台代替了火刑柱。"

前国会议员约瑟夫·考恩准允我将其保管的一封潘恩亲笔书信公之于世，除了满足大众兴趣，此信还可澄清本书出版之初的具体境况。尽管并未显示收信人姓名，但可以肯定此信是写给纽约的约翰·费洛斯上校，他拥有《理性时代》第一部的版权。他还出版了潘恩在前往监狱途中托付给乔·巴洛保管的第二部手稿。费洛斯后来成了潘恩在纽约的密友，而且主要也多亏他的缘故，彼时尚且还是自由思想者的博纳维尔夫人手中保有的潘恩部分著述手稿才得以完好无损地保存下来；后来她重归天主教，为表示虔诚而欲将手稿付之一炬。考恩先生寄给我的这封信其落款日期为1797年1月20日，写于巴黎：

　　"尊敬的先生——您的朋友卡里塔特先生即将启程前往美国，我借此机会致信与您。收到您寄来的两封信与几份小册已颇有些时日。您在来信中告知，已正式申请《理性时代》第一部版权，此事容我返美后再行商议定夺。

　　"富兰克林博士在过去的三十年中一直是我的至交好友，因此，想必您不会讶异我为何与他的孙辈仍保持来往。我在此地（巴黎）已印刷《理性时代》第二部约一万五千份，并全数寄与巴彻·富兰克林先生。我已于1795年9月去信知会此事，且在我本人授意之下，此部版权已由他正式登记注册。该批书籍次年4月方才抵达目的地，不过他许久之前便已登报广而告之。

　　"今年八月，我随信附寄给他约七十页手稿，这是转交与华盛顿先生预备刊印成小册的文件。来自费城的巴尔内斯先生携带此信前往伦敦，之后再转寄美国。此次航行搭乘的是'希望号'轮船，哈利船长自美国返航归来后告诉我，他在纽约已将此封写给巴彻的信件投妥。然而，我至今不曾收到任何有关出版发行的消息。我须提到的是，倘若此信未获发表抑或未能成功寄至巴彻先生处，日后或可有人问及它的下落。巴尔内斯8月29日从伦敦写信给我，告知有人愿出三百英镑购得此手稿。这项提议遭到拒绝，因为我有意安排其在美国率先出版，英格兰不可取而代之。

"您在写给卡里塔特先生的信中问及我所写的几部著作，以作出版全集之用。这是我一向留待自己完成的重任。它不仅权归于我，除我本人之外，也并无他人能承担；任何一位作者对他自己的著作（至少在名誉上）都是负有责任的，他是执行此事的唯一人选。倘若他在有生之年对此漠不关心，那就另当别论。我原就有今年返回美国的打算，之后由预订募资开始着手，如实记录征订名册。这项工作将仰仗合众国各地众多人士的大力帮扶，我会就此事征询阁下高见，因为此项任务适合您一力承当，去留取舍听凭您决定。我在钱财方面由于无视和意外而遭受了相当大的损失，因而较之从前，凡事不得不更加上心。我在此地雇用的印刷商（此人是英国人）在印刷《理性时代》的过程中，私自复印了我的手稿后寄往伦敦出售。正是通过这种渠道，此书的某个版本才从伦敦流出。

"我们在此处静候美利坚合众国联邦大选的结果。法国政府拒绝接受平克尼先生担任美国驻巴黎公使之职的消息，在正式传至阁下甚早之前，即可有所耳闻。此前门罗先生在公使任上时，他尚且有机会缓和与法国政府的关系，因为虽然后者对华盛顿政府背信弃义的行径甚感义愤填膺，门罗先生本人在法国人心中却信誉良好。是时候让华盛顿先生退职了，他费尽心机在英法之间虚与委蛇，两国政府都不再相信他的任何说辞。

　　　　　　　　　　　　您的朋友，托马斯·潘恩"

　　比起潘恩寄给富兰克林·巴彻的手稿，后来似乎是西蒙兹盗用的版本大行其道，因为部分错误在今日所有的现代美国版中仍然存在；英国版同样如此，其原因是英格兰被查禁的，恰恰就是经过潘恩修订后的廉价普及版。以较高售价服务于较高阶层人士，同时将各方对潘恩所作的回应一并出版的西蒙兹，却并没有因为他刊行的盗版而受到任何侵扰；新组建的"邪恶与道德腐坏作品查禁协会"瞄准的，是一位名叫托马斯·威廉姆斯的人。此人售卖宗教传单，也因为售出一份《理性时代》而（于 1797 年 6 月 24 日）被判罪。曾经为潘恩因《人的权利》之故受审而出庭辩护的厄斯金，是威廉姆斯一案的控方律师。陪审团沆瀣一气，他胜诉，但并不因此而感到特别高兴，尤其在他返回林肯旅馆途中遭遇一段插曲之后，心情更是如此。他觉察到自己的外套被人攫住，低头便见一位妇人声泪俱下地伏在他脚边。她把他带到托马斯·威廉姆斯的小书店里，他看到的，是此时尚未被传唤上庭宣判的罪犯威廉姆斯正在一间破旧不堪的小房间里装订小册子,旁边有三个幼童,其中两个患了天花。他心知,若硬要把这家中妇孺的顶梁柱投入监狱,不啻于害人妻离子散,甚至是某种程度上的谋杀。威廉姆斯并不是什么自由思想者,他对自己发行《理性时代》也追悔莫及。于是此前对他发起非难的查禁协会所有成员被召集起来开会商议,伦敦主教波蒂厄斯担任会议主席。厄斯金先是向众人提到,威廉姆斯即将入狱服刑,接着描述了他亲眼见到的场景与威廉姆斯悔过自新的决心,况且此书现已查禁,于是请求准予改判象征性惩罚。仁慈,他竭力呼吁,正是他们所拥戴的基督教精神之组成要素。协会成员之中没有一人对他表示支持——连"宅心仁厚的"威尔伯福斯亦不例外——其后厄斯金放弃提交法庭陈辩书。厄斯金此举致使法官只判处威廉姆斯一年监禁,而非此前欲判的三年。

在威廉姆斯服刑期间,贩卖宗教书籍的正统书贩广泛散播厄斯金关于基督教精神的言论,同时另有一篇题为"论上帝之存在与属性"的匿名训诫文,此文除了"致上帝"这一简短附录,其他内容皆摘自潘恩的《理性时代》。这种怪诞有趣的反常现象,后来在众人传播潘恩题为"驳无神论"一文中"致神学博爱主义者"(所指对象与作者的名字皆被略去)内容时再次出现。这两份小册子此刻都在我眼前,旁边另有一页为了使我精神生活保持纯洁的伦敦宣传单,标题是

"告诫之言"。这一页短文开篇便提到"潘恩的邪恶说教",首当其冲的是"上帝不存在"（原文为大写），进而列举了几条从潘恩的著述中摘录而来的上帝存在的证据。此处必须补充说明的是，那个时代的潘恩被人仿制了不少专门供人侮辱谩骂的假人假物，而这脏兮兮的一页纸是我近几年能够找到的、以传单形式留存至今的唯一材料，文章末尾并未署明任何协会或出版商名号。

威廉姆斯被监禁，开启了英格兰其后三十年的宗教自由之战，这期间发生了许多重大事件，如戴着枷锁的伊顿在查令十字街①接受人们的敬意，整个卡莱尔家族被捕入狱——领头之人因为出版《理性时代》而受监禁长达九年有余。这场迫害最后的结局是自取灭亡。那些并不是潘恩信徒的富人绅士们扶助卡莱尔家族在伦敦报业机构齐集的弗利特街东山再起；从这时开始，一部部宣扬自由思想的著作开始畅通无阻流向大众。然而，尽管自由主义在某种意义上大获全胜，在那些处于公众视野的知名人士中，《理性时代》依然受到某种程度的压制。邪恶作品查禁协会（替王权卖命的机构）最初检举揭发此书，实际上污蔑了这部在道德上毫无争议的著作，限制民众私自精敲细读；受到指控的单单只有在底层人群中买卖的廉价普及版这一事实，向受过良好教育的人们传

---

① 英国伦敦著名的书店街。——译者

递出一种错误的讯息：即《理性时代》是粗野浅陋的不堪卒读之作。而神学家们，正如我们所见，对其论敌的能耐有着更公道的评价，且看看这些能人志士中，有与潘恩志同道合的富兰克林、里腾豪斯^①与克莱默^②——宾夕法尼亚大学曾授予其文科硕士学位——然而英国的上流社会却误以为潘恩属于伯克笔下"牲畜般的粗鄙大众"的一分子。怀疑论，或者说人们关于怀疑论的自由言论，因为与为"人的权利"出声辩护、如今却成了亡命之徒的潘恩有了某种牵连而变得微妙且复杂，于是暂时被驱逐到了守礼人士的圈子之外。如今那场旷日持久的战争已经随风远去。随着岁月的流逝，就其批驳的观念而言，从前的《理性时代》是盛行一时的激进主义扛鼎之作，现在已成为一部相对保守的论著。一位旧友与我说起他青少年时代曾聆听过的一场布道，那牧师宣称"托马斯·潘恩此人邪恶至极，他没能入土安葬；他的遗骨被丢进盒子，在世界各地推来阻去不得安宁，最终落到一个纽扣制造商手里；而今潘恩游遍世界各地，因为他已经变成纽扣了"！这种对永世流浪的犹太人传说的改写，如今或许可以视为对作者本人的无意识致敬，隐喻中的遗骨或许在人们眼中就是时下大众崇尚的纽扣，其中有一些甚至还能在缝制教

---

① 戴维·里腾豪斯（1732年4月8日—1796年6月26日），美国天文学家、发明家、测量学家及数学家。——译者

② 乔治·克莱默（1739年3月16日—1813年1月23日），美国政治家，曾任美国众议员，《美国独立宣言》和《美国宪法》的签署人之一。——译者

士法衣时派上用场。

　　然而细心的读者会在潘恩的《理性时代》里发现驳斥之辞以外的东西。在本文即将结束时，我要特别提醒读者注意，书中有一段偏离自然神论、与康德某句著名的格言不谋而合的论述，第二部中有一条注释对此有所暗示。上文提到过本书第一部比第二部至少要早十四年，这一发现使我将二者进行比照；结果清晰地显示，早期撰写的第一部作品是基于行星运动现象对牛顿派自然神论的引申拓展，而写于1795年的第二部则将对上帝的信仰建立在"上帝本身在他所创造之物中全能至上的显现以及我们对不良行为的憎恶和对良善之举的钟爱"之上。这种将人的道德本质上升为有神论宗教信仰的基础，虽然我们今日听来颇为熟悉，但在一百年前却是一项全新的主张；它酝酿出了对上世纪自然神论具有颠覆性的神性概念，它持续稳定地赋予宗教人性的光辉，它所能产生的终极哲学意义和道德意义至今仍有待世人探寻发掘。

蒙科尔·丹尼尔·康威

（Moncure Daniel Conway）

第一部

第一章　我的信仰自白

公开发表我关于宗教的见解，是我多年夙愿；我深知这件事做起来困难重重，鉴于此，我将其留待自己年岁更长之时再付诸实践。我有意以此作为奉送给天下公民同胞的最后一份献礼，到那时，即使是对拙作持有异议的人，也不会质疑那促使我动笔的纯粹动机。

当前法国彻底取缔全国范围内的神职秩序、废止与宗教强制性体系有关的一切事物及种种强制性宗教信条，这一形势不仅促使我加快写作计划，也使得此类著作尤其不可或缺；如若不然，在迷信思想普遍破除、政府错误制度土崩瓦解、宗教体系杂乱无章的境况之中，我们将会忘记道德、人道和真正的宗教信仰。

我在此效仿几位同仁及其他法国公民同胞们自愿声明个人信仰的做法，以自省之坦挚，写下信仰自白。此心昭昭，其意至诚。

我只信仰唯一的上帝，除此之外，别无其他；我希冀来世的幸福。

我相信人人平等，我相信宗教信仰赋予人的职责在于让人们处事公正、心怀仁慈以及致力于人类的幸福。

不过，为了避免有人揣测我除此之外还有许多别的信仰，在拙作撰写之际，我将申明我不相信的事物，以及我不相信它们的理由。

我不相信犹太教会、罗马教会、希腊教会、土耳其教会、新教教会以及其他一切我所知道的教会宣扬的教义。我的理智就是我自己的教会。

所有国家性的教会机构，不论是信奉犹太教、基督教还是伊斯兰教，在我看来都是人类自己的发明创造，为的是恐吓和奴役他人、独揽权力和垄断利益。

我此番申明并不是要谴责那些相信此类教义的人；我有自由选择信仰的权利，他们也一样。然而，为人类福祉计，我们必须在理智上忠于自己。不忠，并不在于相信或不信什么，而在于表里不一，宣称自己相信其内心实际不相信的事物。

思想上的弄虚作假给人类社会造成的"道德祸害"——且容我如此表述——我们难以计数。倘若一个人的理智已经腐坏堕落，乃至违心地赞同他不相信的事物，那么他就容易陷于其他任何罪恶。他会为了利益而谋求神职，并且为了使自己名正言顺，一开始便以假誓欺瞒世人。我们还能想到比这更败坏道德的事情么？

我在美国发表《常识》这本小册子后不久发现，政治体制发生革命之后，有相当大的可能性会继而发生宗教改革。政教勾结不管产生于何处，不论是犹太教、基督教还是伊斯兰教，实际上都以刑罚为手段，非常有效地禁止了人们对已经建立起来的教义和基本信条的每一次讨论，因此除非政府体系发生变革，否则这些教义和信条无法光明正大地呈现在世人面前。不论这种变革何时到来，宗教体制改革总会随之而至。宗教领域的种种发明创造和神职人员的种种伎俩都将昭然若揭，人们将会回归到纯粹、唯一的上帝。

第二章　论使命与启示

所有国家性的教会或宗教都假装肩负着上帝赋予的某种特殊使命而确立自身的合法性，这种使命乃由上帝传达给某个重要人物而为他人所知。犹太教徒有他们的摩西；基督徒有他们的耶稣基督、使徒与圣徒；伊斯兰教徒有他们的穆罕默德；似乎天国之门并不对芸芸众生敞开。

这些教会都有自己的圣典，他们称之为"启示录"或"上帝之言"。犹太人说，他们的"上帝之言"是由上帝当面授予摩西；基督徒说，他们的"上帝之言"来自上帝的启示；伊斯兰教徒则说，他们的"上帝之言"（即《古兰经》）是由一位天使从天堂带至人间。这些教会彼此攻讦对方是异端邪教；就我个人而言，我一概不信。

鉴于我们有必要准确地把握文字涵义，在深入探讨这个话题之前，我将提供与"启示"一词有关的一些认识与阐释。在宗教中，"启示"意指上帝直接传达给人的某种讯息。

全能的上帝如果愿意直接与人交流，没有人会否认或质疑他完全具备这种能力。为了便于举例说明，我且作如下推论：倘若我们承认，上帝将某些讯息仅仅启示给某一个人，而将其他人排除在外，那么，这是专属于此人的启示。此人将上帝的启示告知第二人，再传至第三、第四人乃至更多，但如此一来，启示就不是所有后来这些人的启示。它是仅属于第一人的启示，对所有其他人而言都是道听途说，因此他们没有义务相信它。

我们把自己间接获得、无论是口述还是笔授的所有讯息都称为"启示"，这在概念和学理上都是自相矛盾的。启示必然仅限于第一次的直接沟通。在此之后，一切都只是对那个第一人自认为获得的启示的阐释；虽然他本人可能觉得有义务相信它，我却没有义务以同样的方式照单全收，因为它不是给我的启示，我只是听他说那是给他的启示。

摩西告诉以色列的子民，他从上帝那儿得到了两块刻有十条诫律的石板；以色列的子民不必非得相信他，因为除了他个人的一面之词，他们并没有别的可靠证据；除了某些历史学家所说的话，我也没有别的可靠证据。而《摩西十诫》本身并不包含任何可以证明其具有神性的内部证据；其中某些很好的道德戒律，任何具备制定法典或立法资格的人都编得出来，而无需仰赖超自然力量。①

有人告诉我，《古兰经》是在天堂写成，并由一名天使携

---

① 但是，我们有必要将下面这种说法除外，即上帝"将父辈所犯下的罪孽报应在子孙身上"。它有悖于一切道德正义之原则。

至人间带给穆罕默德。这种说法与《摩西十诫》几乎如出一辙，都是缺乏直接证据的传闻。我本人没有亲眼见过天使，所以此事我有权选择不相信。

有人告诉我，有个叫马利亚的童贞女表示或者对外宣称自己在没有与男子同居的情况下怀了身孕，她那位木匠未婚夫约瑟说有个天使也告知他同样的事情。此二人说的话，我有权利选择相信或者不相信：这种情况需要比空口白话更强有力的证据，然而我们竟连空口之言都没有，因为约瑟和马利亚本人都不曾留下任何有关此事的书面记录，我们只是听其他人说他们说过那样的话。这是基于道听途说的道听途说，而我不愿将自己的信仰建立在这样的传闻之上。

耶稣基督是上帝之子的故事如此深入人心，想要解释其中缘由，其实并非难事。在他出生的年代，异教神话之说尚风行于世，此类学说为人们相信这一故事铺好了道路。几乎所有生活在异教神话背景下出类拔萃的人物，都被誉为他们所尊奉的某个神灵的儿子。那个时代的人们相信某人降生于天国，这种事司空见惯；神与凡女交合，在当时是大家耳熟能详的说法。根据他们的表述，他们的众神之王朱庇特曾与成百上千个女子同宿；因此这个故事没有任何新奇、精彩抑或污秽之处；它与那些在当时被犹太教徒称为异教徒的基督徒中或者神话学家当中盛行的观念是并行不悖的，也只有这些人相信它的真实性。而严格恪守只有唯一上帝的信仰、自始至终拒斥异教神话的犹太人，可从来不曾相信这种故事。

　　世人所称的基督教会尊奉的理论体系是如何从异教神话的尾巴里钻出来的，说起来有些匪夷所思。首先，一个直接的两相交融，便是上例中声名远扬的创建者被说成是上帝的血脉。其后的三位一体说，则是将被敬奉神灵之数目多达两三万的多神论删繁就简的结果。马利亚的雕像接替了以弗所的狄安娜①女神像。对各路英雄的神化变成了对圣徒的追封。神话学家们有掌管世间万事万物的神，基督教神话学家们则有对应的圣徒。教会变得因耶稣基督而人满为患，与万神殿各有其道；罗马则是二者齐聚之地。基督教学说与古代神话学家们的偶像崇拜论几乎毫无二致，皆以攫取权势与利益为目的；而揭穿这场双重骗局，我们需要诉诸理性和哲学。

---

① 另译"戴安娜"，众神之王朱庇特与暗夜女神勒托的女儿、太阳神阿波罗的妹妹，古罗马神话中的月亮女神和狩猎女神。古罗马人用她来替代希腊神话中的阿尔忒弥斯，《和合本圣经》将其译为"亚底米"。——译者

第三章　论耶稣基督及其生平

我在此处所讲的一切，没有任何不敬之意，也无法说明耶稣基督的真实面貌。他是个品德高尚、和蔼可亲的人。他所宣扬并身体力行的，是最宽厚仁慈的那种道德观念；类似的道德体系虽然同样为其几百年前的孔子和某些古希腊哲学家所倡导、为此后的贵格会信徒以及各个时代的众多品性良善之人所弘扬，但没有任何一位超越于耶稣基督之上。

耶稣基督对他自身、他的出生及家世或任何别的方面，并没有留下任何书面记载。人们所说的《新约全书》中，没有一行是出自他的手笔。他的生平全部由他人写就；至于有关他复活和升天的叙述，那是为了与耶稣诞生故事首尾呼应而必不可少的内容。那些让他以一种超自然的方式降临人间的历史学家们，不得不故技重施让他以同样的方式离开尘世，否则故事的前半部分就不攻自破了。

相较之下，故事后半部分的讲述显示出相当拙劣的胡编乱造痕迹。前半部分中的奇迹受孕之事，不是什么能在众目睽睽之下发生的事情；因此本段故事的讲述者们便享有这样一种优势，即虽然他们可能不为人所信，但事实真相无从查明。人们不会指望他们去证明，因为那种事情没办法提供证据，听故事的人自己若想加以证明，那也是不可能的事。

然而，一个死去的人从坟墓中复活并在空中升天这种事，就其允许存在的证据而言，则截然不同于人眼所看不见的、发生在子宫内的受孕过程。假设复活与升天的确发生过，那么这两件事都是能容许众人——至少耶路撒冷的所有子民——亲眼得见的直观现象，有如气球升空或者正午的太阳那样能为人共睹。一件事如果要求每个人都相信，那么其证据应该对所有人可见，且为全世界共有；又因为人们对耶稣复活与升天的集体见证，是唯一能对耶稣诞生的故事予以认可的证据，而这一证据从来不曾有人提供，如此一来整个故事都土崩瓦解。然而真实情况却是，一小撮人，不超过八九位，被说成是全世界人民的代表，声称得以亲见，世上所有其他人则被号召要相信此事的真实性。耶稣的门徒之一多马就不相信耶稣复活之事；正如他们所说，他在不曾亲见和亲历的情况下，不愿意相信这件事。我也是如此，这条对多马来说充分有力的理由，对我和其他人同样如此。

在这件事情上试图掩饰或隐瞒真相，都是徒劳。该故事中但凡与超自然因素有关的部分，其弄虚作假的痕迹俯拾皆是。谁是故事的作者，如今我们已经不可能得知，我们同样也无从确定讲述这段故事的那些书的作者是否真的就叫这些名字。关于此事，我们现在拥有的、尚存最好的证据是犹太教徒。他们的先祖通常生活在人们传闻的耶稣复活与升天事件发生的时代，而他们说"它不是真的"。把犹太教徒所说的话引为证言来披露确切真相，一直以来我都有种怪诞而矛盾的感觉。这就好比有个人对我说，我繁衍出后代，由他们来宣称此事不属实，以此揭开我所告知你之事的确切真相。

话虽如此，曾经有过一个像耶稣基督这样的人，而且他被施以当时用来执行死刑的十字架刑，这的确具有一定的历史可能性。他弘扬最崇高的道德，倡导人人平等的观念；但他同时也四处散播犹太教祭司的腐败和贪婪，此举为他招致整个教士阶层的仇恨和报复。这些祭司贵族指控耶稣基督煽动叛乱并密谋推翻当时犹太人已经臣服的罗马政府；罗马政府与犹太教士一样，对他宣扬的教义所产生的影响心存隐忧，这并非不可能；而耶稣基督计划将犹太民族从罗马人的奴役中解救出来，同样也不是不可能。就在这场宗教与政治漩涡中，这位道德高尚的改革者和革命家失去了自己的生命。[①]

---

① 法文版为："不论事情真相如何，在这些推测出来的原因之中，定然有一些使得这位道德高尚的改革者、这位革命家——很少被效仿、始终被遗忘和误解——失去了自己的生命。"——原书编者

第四章　论基督教创立的根基

正是基于简单的事实叙述以及我接下来要提到的另一事实，自诩为基督教会的基督教神话学家们创立了他们自己的神话故事。就其荒谬与肆无忌惮的程度而言，我们在古代神话中所能找到的一切传说都该屈居下风。

古代神话学家告诉我们，巨人族向众神之王朱庇特宣战，其中一人举起一百块巨石攻击朱庇特，朱庇特以雷电反击，并将对手从此囚禁在埃特纳山①之下。每次这位巨人翻身，埃特纳山都会喷发火焰。此处我们不难看出，埃特纳火山爆发的情形激发了人们关于这则神话传说的灵感；后者顺势而生，并以前者作为故事的结局。

基督教神话学家则告诉我们，他们的撒旦向全能的上帝宣战后大败而归，从此被捆缚在无底坑中，而非一座山下。此处我们也不难看出，第一则神话故事激发了人们关于第二则神话故事的灵感，因为宙斯与巨人族的故事比撒旦的故事要早上几百年。

---

① 位于意大利南部西西里岛的著名活火山，也是欧洲最高的活火山。——译者

至此，古代神话学家与基督教神话学家之间几乎没有差别。不过后者挖空心思让故事更进一步。他们设法把耶稣基督故事中的神话部分与起源于埃特纳山的神话联系起来；然后，为了打通故事的各个环节，他们从犹太人的传说中寻求帮助：因此基督教神话部分来自古代神话，部分来自犹太传说。

基督教神话学家们将撒旦困于无底坑之后，为了延续这则神话，又不得不释放他。于是他便以蛇或者说狡猾的毒蛇之身出现在伊甸园之中，然后这毒蛇开始与夏娃套近乎，而夏娃对一条蛇说人话也丝毫不觉得诧异。这场密谈的关键性结果就是，他引诱夏娃吃下了智慧果，而吃智慧果的下场就是：全人类受到了耶和华的惩罚。

在让撒旦赢得了针对整个宇宙万物的那场战役之后，人们会想，倘若基督教神话学家们将他打回无底坑，那是对他足够仁慈；如果不那么做，他们就会往他身上压一座大山（因为他们声称自己的信仰能够移山），或者像之前的神话学家们那样把他困在山底下，以防他再次溜出来潜入妇人之中，犯下更多的恶事。然而他们什么都没干，他们任由他逍遥法外，甚至都不曾要求他立誓不再作奸犯科；他们煞费苦心把他造出来之后，又要收买他，让他留下。在这场交易中，他们许诺给他所有的犹太教徒和突厥人，还有这大千世界的十分之九，再加上穆罕默德。自此之后，还有谁会怀疑基督教神话的宽宏大量？

在制造了一场所有参战人员无一伤亡的天堂暴动和战斗之后——将撒旦投入无底坑，再将他释放，让他大获全胜，让他成功诱使夏娃吃下智慧果从而导致全人类受到诅咒——由此，基督教神话学家使他们编造的神话故事的开头与结局实现完美对接。他们推举出耶稣基督这位道德高尚又和蔼可亲的人，同时作为上帝和凡人，并且还是上帝之子，以达到献祭之目的，因为他们声称夏娃在她热切的渴望之中①吃下了一个智慧果。

---

① 法文版为：屈服于一种不加克制的欲望。——原书编者

第五章　再论基督教创立的根基

我们且不提任何因荒诞无稽而可能遭人嘲笑、因亵渎之言而可能招人厌憎的内容，而仅限于详加审视故事的组成部分。事实上，若要编造一个比这更能贬损全能的上帝、更有悖于他无上智慧、更违逆他至高权力的故事，那是绝无可能的事。

为了使这个故事站得住脚，创作者们有必要给他们称为"撒旦"的角色赋予某种力量，该力量之强大，倘若不凌驾于全能的上帝之上，那也是旗鼓相当。他们在所谓的堕落之后，不仅给了撒旦自我解救、逃离无底坑的能力，而且在那以后还让他的力量强大到无以复加。在堕落之前，他们只把他描绘成和其他天使一样能力有限。堕落之后，在他们的叙述之下，他变得无所不在、无所不能。他无处不在，而且是同时存在。他占据着整个无限的宇宙。

他们不满于对撒旦的这种神化，于是把他塑造成凭借阴谋诡计化身为宇宙万物中的某种动物形貌，碾压了全能上帝的全部力量与智慧。他们说他逼迫全能的上帝，让他不得不二选其一：要么将宇宙万物的管辖统治权拱手让给撒旦，要么上帝本身通过降临人世并以凡人之躯钉在十字架上来表示投降赎罪。

倘若创作者们讲述的故事与上述相反，即倘若他们说成是全能的上帝逼迫撒旦以毒蛇之身钉在十字架上示众，以此作为对他新犯下僭越之罪的惩罚，这个故事就没那么荒谬、那么自相矛盾。然而事实并非如此，他们让僭越者得胜凯旋，让全能的上帝吃了败仗。

许多宽厚善良的人相信这则怪诞的神话，并且带着那样的信仰一辈子安安乐乐过得极好（因为轻信他人并不算犯罪），对此我毫不怀疑。首先，他们被教导要相信它；换做别的任何事物，他们都可能深信不疑。此外，还有许多人认为，上帝的自我献祭表现了他对人类无尽的爱，一想到这里，他们便激动得不能自已，由此涌现的强烈感情禁止和阻碍他们对这个故事的荒诞性与亵渎之意进行细致缜密的审视。世上任何事物，越是反常，则越有可能变成不幸的崇拜对象。①

---

① 法文版中的"不幸"之前还有"盲目"二字。——原书编者

第六章　论真正的神学

然而，倘若我们感激崇拜的对象正是我们所欲求的，那就另当别论了；它们不是时时刻刻都呈现在我们眼前吗？我们一出生，就有一个完好的世界——一个顺应我们却并不需要我们任何付出的世界——接纳我们，难道我们看不见吗？难不成是我们点亮的太阳、泼下的雨水、变出了这包罗万象的地球？不管我们是熟睡还是清醒，强大的宇宙机器依然运转不停。难道这些事物以及它们能在未来给予我们的福祉对我们来说竟是一文不值吗？难道除了悲剧和自杀，我们粗疏浅薄的情感就不会因为其他事物而被触动吗？又或者，人类阴暗可悲的自尊心变得如此不可一世，乃至除了造物者的自我献祭，其他什么都讨好不了它？

我知道这种大胆的追问会让许多人惶恐不安，但如果因此而隐忍不言，那也太恭维他们的轻信盲从了。时代和问题本身使这件事势在必行。对所谓基督教教会理论是神话传说的怀疑在各个国家变得非常普遍；有些人在这种怀疑面前摇摆不定，对什么该信、什么不该信拿不定主意；能看到这个问题得到人们的自由探讨，这对他们而言是一种宽慰。因此，接下来我将对人们所称的《旧约全书》①与《新约全书》②两部著作集展开详细分析。

---

① 基督教经典文献，共三十九卷，分四类：律法书、历史书、诗歌智慧书和先知书。其中"律法书"五部：《创世记》《出埃及记》《利未记》《民数记》和《申命记》；"历史书"十二部：《约书亚记》《士师记》《路得记》《撒母耳记》上下、《列王纪》上下、《历代志》上下、《以斯拉记》《尼希米记》和《以斯帖记》；"诗歌智慧书"五部：《约伯记》《诗篇》《箴言》《传道书》和《雅歌》；"先知书"又分五部"大先知书"（《以赛亚书》《耶利米书》《耶利米哀歌》《以西结书》《但以理书》）与十二部小先知书（《何西阿书》《约珥书》《阿摩司书》《俄巴底亚书》《约拿书》《弥迦书》《那鸿书》《哈巴谷书》《西番雅书》《哈该书》《撒迦利亚书》《玛拉基书》）。学界在五部"律法书"的分类问题上看法基本一致，对其他三类分别包含哪些书卷持有不同意见。——译者
② 基督教经典文献，共二十七卷，分四类：福音书、历史书、使徒书信和启示录。其中"福音书"四部：《马太福音》《马可福音》《路加福音》和《约翰福音》；"历史书"为《使徒行传》；"使徒书信"二十一卷：《罗马书》《哥林多前书》《哥林多后书》《加拉太书》《以弗所书》《腓立比书》《歌罗西书》《帖撒罗尼迦前书》《帖撒罗尼迦后书》《提摩太前书》《提摩太后书》《提多书》《腓利门书》《希伯来书》《雅各书》《彼得前书》《彼得后书》《约翰一书》《约翰二书》《约翰三书》和《犹大书》；最后一卷为《启示录》。对此处列举的部分书卷中存疑或矛盾之处，本书作者将在下文逐一剖析。——译者

第七章　论《旧约全书》

这两部以《创世记》开篇，以《启示录》收尾（顺便提及，《启示录》是一卷需要上帝启示才能开解的谜语之书）的著作集，我们被告知这就是"上帝之言"。因此，我们有正当理由要求知道这话出自何人之口，从而确定我们该在多大程度上相信这种说法。这个问题的答案是，除了我们彼此之间如此相传，没有人说得清。从历史看来，情况似乎如下述所言：

教会神话学家们在创立其体系之初，他们收齐能找到的所有书面文献，然后按照自己的心意加以整理编排。我们如今见到名为《旧约全书》和《新约全书》的这些著述，其情形与收集者们声称发现它们的时候是否一模一样，又或者他们增添、篡改、节略或修饰过，这完全是无法确定的事。

不论实际情况如何，他们最终以投票的方式来决定收集到的所有书籍中哪些该是"上帝之言"，哪些不该是。他们摒弃了一部分，票选剔除出几部可疑之作，例如所谓的《伪经》；而那些获得大多数人选票的著作则被选为"上帝之言"。倘若当初他们选了别的，那么所有从那以后自称为基督徒的人们所尊奉的就将是另一种信仰了：他们的信仰来自他人投票的结果。至于这一切究竟是谁做的，我们一无所知。他们泛泛地自称是教会，这就是我们所知道的全部了。

除了上述所言，我们没有任何外部证据或权威来证实这些著作即是"上帝之言"，而我所论及的内容根本算不得什么证据或权威，因此，接下来我将对著作本身包含的内部证据展开详细分析。

前文已论及"启示"这一概念，此处我将进一步解读，以用于分析本章将要讨论的两部著作。

启示是某种讯息的传达，而被启示的对象在此之前并不知晓这种讯息。倘若我已经完成某事或者看见某事完成，那么关于我已经完成某事或者看见某事完成则无需任何启示来告诉我，亦无需赋予我某种能力来告知他人或者记录下来。

因此，启示不能用于任何发生在这世上且某人本身在其中是实施者或见证者的事；所以，几乎占据《圣经》全部篇幅的所有历史性和轶闻性内容并不处在"启示"一词的意义范围之内，故而也就不是"上帝之言"。

参孙在推倒托房的两根柱子时——倘若他的确做过这件事（他是否做过这件事对我们而言无关紧要）——或者去见大利拉、或者去捉他的三百只狐狸又或者干别的事时，这些都与启示又有什么干系呢？倘若这些都是事实，倘若值得为外人道或者为之作记录，他可以亲口说给别人听，或者他的记录员——如果他有记录员的话——可以写下来；倘若这些都是杜撰出来的，启示也不能化假为真；不管是真是假，我们既不会因为知道了这些事情变得更好，也不会因此而更加明智。当我们默想着上帝的广袤无限，他指引统摄着高深莫测的宇宙万物，人类知识视野的极限也仅仅只能触及其中一小部分；把如此微不足道的故事称作"上帝之言"，我们应该为自己感到羞愧。

至于《创世记》中对创造万物的叙述，显然这是以色列人在到达埃及之前就已经在他们之间流转的传说；离开那个国家之后，他们把它放在了历史的开端，却只字不提这故事如何得来，极有可能他们也是不明就里的。叙述开始的方式显示，它就是传说。开篇很突兀，没有叙述者，也没有受述者。"它没有特定的叙述对象，既没有第一、第二人称，也没有第三人称。它具备传说的一切特征。它没有证明人。摩西本人也并没有在此处采用他在其他情况下使用的、如'耶和华吩咐摩西说'这种表述形式。"

为什么它会被人们称作"摩西式的创世记述"，我是百思不得其解。对这种话题，我相信摩西是极英明的，不至于把自己的名字签署在那样的记述之下。他师承埃及人，在他们那个时代，埃及人在科学尤其天文学领域有着相当不凡的造诣；摩西对创世记述保持沉默和谨慎的态度，不出面予以证实，这恰恰从反面证明，他既不是故事的讲述者，也并不相信它的真实性。事实上，任何民族国家都是世界的创造者；与其他民族一样，以色列人也有权利设计本民族的创世之说。摩西不是以色列人，所以他可能不会反驳这一传说。不过，故事本身无伤大雅，就这一点而言，它已经远远胜过《圣经》中的其他内容了。

《圣经》① 中超过一半的篇幅充斥着淫秽不堪的故事、穷奢极欲的声色场面、残忍非人的折磨酷刑和冷酷无情的复仇行为。每当我们读到那些内容，与其称之为"上帝之言"，不如称为"魔鬼之言"来得贴切。它是邪恶之史，它的用途在于败坏人类、使人变得冷酷凶残；就我个人而言，我发自内心地憎恶它，像对所有残忍的事物一样深深憎恶。

除了那些令人痛恨或蔑视的内容——小部分句段例外——我们在《圣经》里读不到任何别的东西；某些内容混杂的篇章，情况倒略好一些。在作者匿名的书卷中，如《诗篇》和《约伯记》，尤其后者，我们发现里面存在大量对全能上帝的力量与仁慈充满感情与敬仰的虔诚之辞；但类似的主题，比起此前乃至此后众多其他著述，它们并不见得更加高明。

《箴言》据说出自所罗门之手，虽然它最有可能是一部

---

① 我们需谨记，潘恩所说的"《圣经》"从来都仅指《旧约全书》而言。——原书编者

作品集（因为他们发现卷中含有关于灵性生命的知识，这是处于当时历史背景下的所罗门王无从知晓的），却也是一部具有训导启迪意义的道德法典。它不及西班牙人的俗谚犀利深刻，也不比美国富兰克林的座右铭更智慧精炼。

《圣经》所有其余部分通常以各先知之名为人所知，它们是犹太诗人与云游四方的传教士们写成的。这些人把诗歌、轶闻以及祈祷词拼凑在一起——虽然都是翻译之作，但那些作品仍然具有诗歌的气韵与风格。[①]

> 天哪，要听！地啊，侧耳倾听！
> 这正是耶和华的示警。[②]

[①] 有些读者认为无韵即不成其为诗歌，鉴于此，我添加这条注解供人们参考。诗歌主要由两方面要素组成——意象与结构。诗歌与散文在结构上的差别在于二者融合长短音节的方式各有千秋。把一个长音节词从诗行中剔除后，以短音节词取而代之，或者将长音节词放在原本属于短音节词的位置，这种诗句会丧失其诗意的和谐统一性。这种做法对诗句的影响就如同乐曲音符发生错位后会产生的演奏效果。

被人们称为"先知书"的那些著作，其内包含的意象具有诗歌属性。它们是虚构的，往往天马行空、辞藻华丽，除了诗歌，这在其他任何类型的文本中都是不可接受的。

为了显示这些著作都是按照一定的格律写成，我将如实摘录书中某十音节诗行，并仿照其五音步十音节的偶句体（英雄偶句体）另作一行，各诗句末尾两个词形成押韵。由此可见，书中作品结构都属于诗体。文中所引第一例乃摘自《以赛亚书》。

[②] 第一句为《以赛亚书》1：2前半部分，后半部分为：因为耶和华说：我养育儿女，将他们养大，他们竟悖逆我。

第二句为潘恩仿照前句格律所作，原文为：'T is God himself that calls attention forth。——译者

我将援引的下一例乃出自悲哀的耶利米之口，我在诗句之后附上两行，以便彰显该句诗文的大致轮廓和诗人的意图。

　　　　但愿我的头为水，我的眼
　　　　为流淌的泉源，像明净的天堂；
　　　　我要释放滔天的巨浪，为人类的大洪水流泪哀伤。

　　纵观整部人们所说的《圣经》，其中用于描绘我们称为"诗人"的字眼，一个也没有；用于描绘我们称为"诗歌"的语词，同样一个也没有。事实上，"先知"（prophet）这个词在其后世的演变中增加了一层新的意思，但是它在《圣经》中指的是诗人，"先知作预言"（prophesy）则指的是诗歌创作艺术，它还指人们在不同乐器伴奏下吟唱诗歌的艺术。

　　我们在吟诗作赋时，会配合演奏各种管乐器、手鼓、铜管乐器——竖琴、瑟、铙钹以及当时流行的各种其他乐器。倘若我们如今在诵读"先知书"时，用小提琴或者长笛与手鼓为之配乐，这种表现方式将毫无意义，或者会显得滑稽可笑，有些人还会嗤之以鼻，因为我们已经改变了这个词的原有之意。

　　我们被告知说，扫罗列在"先知"中，并且他作过预言；然而我们却未被告知他们具体作过什么预言，他又作过什么预言。真实情况是，他们无从说起：因为这些先知是一班音乐家和诗人，扫罗加入了这个团体，他的这种行为被称为"作预言"。

名为《撒母耳记》的书卷中有一段关于此事的记述：即扫罗遇到了一班先知，整整一班先知！随身携带着瑟、手鼓、长笛和竖琴；他们"受感说话"，他同他们一起"受感说话"。然而后来的记述似乎显示，扫罗技术欠佳，意即他表现拙劣；据说是"上帝的恶灵"[①]临到他身上，然后他继续"受感说话"。

如今看来，倘若除此之外人称《圣经》的这部著作集里再没有别的篇章明确表示我们已经遗失了"作预言"一词的原初意义并有另一种涵义取而代之，单单上述事例便足以让我们产生正确的认识；因为如果我们在解读《圣经》时采用的是它后世新增的那层意义（即"作预言"），那么在其相应的上下文中，这个词根本说不通。它在《圣经》中的使用方式完全剔除了它的宗教意义，并清楚地表明，某个人可能彼时是一位先知，抑或他可能"受感说话"[②]；他此时可能

---

① 那些自诩为神学家和注经专家的人们热衷于互相之间故弄玄虚，此处我任由他们去质疑"上帝的恶灵"的涵义。我坚持使用这一说法。我坚持保留 prophesy 一词的原初意义。

② 此处"受感说话"中的"受感"也可以有两种理解，其一为"受到上帝感应"，其二为"因音乐或诗兴而有感而发"。——译者

是一位诗人或者音乐家，而丝毫不牵扯到他为人是否道德高尚的问题。这个词最初是科学术语，后来被人们不加分辨地用于诗歌和音乐，并且还能用于任何涉及诗歌和音乐的其他事物。

底波拉和巴拉被称为"先知"，不是因为他们预测过任何事情，而是因为他们为了庆祝完成某项壮举而创作了署有其名字的诗篇或歌谣。大卫被列为"先知"，因为他是一名音乐家，并且被认为是《诗篇》的作者（虽然这可能是极其错误的看法）。但是，亚伯拉罕、以撒和雅各不被称为"先知"；我们所知的记述里，没有任何内容显示他们能吟唱、演奏乐器或者作诗。

我们被告知，先知有伟大和劣等之分。他们可能还会告诉我们，上帝也有伟大和劣等之分；因为"作预言"的这一现代意义不存在上下高低之分，但诗歌有优劣之别，因此它的原初涵义与诗歌相关在这里是说得通的，我们借由它来区分伟大的诗人与拙劣的诗人。

由此可知，对这些被冠以"先知"之名的人所撰写的著作进行任何层面的分析评价，都是毫无必要的。通过表明该词的原初意义被曲解讹传，我们剖析的利斧直劈其立足的要害。其结果就是，在那条错误的义项基础上，所有从这些书卷内容得到的推论、信众对它们心怀的虔诚敬仰以及人们苦心孤诣写就的注解阐释，全都不值一辩。反倒是犹太诗人的著述在许多方面都值得拥有更好的对待，而不该如今日这般，在被妄用的"上帝之言"的名义下落得与那些粗制滥造的垃圾为伍的悲惨命运。

倘若我们自身有可能对事物产生正确的构想，则我们极有必要坚定地认为，不管通过任何手段或出于任何缘故，我们以"上帝之言"来称誉的话语不仅从古至今始终如一，而且绝无可能出现一丝一毫的变化；也因为如此，上帝之言无法存在于任何书面或人类语言之中。

词义容易发生连续渐进式变化，同时我们也缺乏全世界人民共享的通用语——这使得翻译必不可少，而翻译中容易出现各种错误，抄写员与印刷商会出现失误，人们还有可能蓄意篡改；凡此种种都是证据，证明人类语言——不论是口头语抑或书面语——不能充当上帝之言的传播媒介。上帝之言存在于别处。

即便人们称为《圣经》的这本著作在思想与表述的纯正方面超越了世上现有的所有书籍，我依然不会把它当作上帝之言而视为信仰的准则，因为我仍有可能受到蒙骗。当我洞察到这本著作的绝大部分篇幅仅仅只是一堆粗鄙邪恶之事的历史和最琐碎可鄙之说的堆砌，我不能妄用上帝之名称其为"上帝之言"而亵渎我的造物主。

第八章　论《新约全书》

关于《圣经》，我言止于此；下文将讨论《新约全书》。新立的圣约！意即"新的"上帝意旨，似乎造物主拥有两份意旨。

倘若建立一种新宗教是耶稣基督的目的或意图，那他毫无疑问会自己著书立说，或者在他有生之年促成撰写之事。然而现有的书卷中，没有任何著述由他签署命名。《新约全书》的全部内容都是在他过世之后写成。他生为犹太人，也自称为犹太人；他和所有其他人一样都是上帝之子，因为造物主是所有人在天上的父。

《新约全书》首四部分别名为《马太福音》《马可福音》《路加福音》和《约翰福音》，四部书都没有提到耶稣基督的生平，只有一些语气不偏不倚的奇闻轶事。从这些著述似乎可以看出，他的整个传教士生涯不超过一年半，那些人正是在这短短的十八个月时间内与他相识。他们提到，他十二岁时坐在——他们说——一群犹太博士中间，一边提问、一边回答他们的问题。这件事发生之后若干年，他们才与他本人结识，所以极有可能是从他父母处听说了这桩奇事。关于此后的十六年，书中没有任何记述。在这期间他身居何处、以何为生，我们都不得而知。可能性最大的是，他子承父业，即以木匠为业。他出生时，因为家中一贫如洗，父母买不起婴儿床①，由此看来，他似乎没有接受过任何学校教育，很可能他不懂书写。

最被世人广为传颂的三位人物，他们的出身都相当微贱，这多少有些非同寻常。摩西是弃儿，耶稣基督出生在马厩，穆罕默德是个赶骡人。这三个人中，第一位与第三位是不同宗教体系的创始人，而耶稣基督没有创立任何新宗教。他号召人们践行美德和相信唯一的上帝。他最了不起的地方是有一颗博爱之心。

他被捕的方式说明他那时并不为太多人所知；这件事同时也说明，他召集门徒聚会乃是在暗中进行，而且他已经停止或暂停面向公众讲道。犹大要出卖他，就只能透露他所在之处，并在现场为前去捉拿他的差役指认耶稣基督；之所以要拿钱财去收买犹大做这件事，其原因只能是前文所说的，他的行踪并不为太多人所知，他的生活是秘而不宣的。

隐藏踪迹这种想法不仅与他声名远扬的神性极不相符，

---

① 这是潘恩在写作第一部时因手头没有《圣经》可供参考而犯的少数错误之一。没有任何迹象表明耶稣家境贫寒，事实上我们的推断可能正与之相反。——原书编者

也让人想起某些胆小怯懦之辈；他遭人背叛，换言之，他因为自己的门徒走漏风声而被捕，说明他并非有意被捕，因而说明他并非有意让人把自己钉上十字架。

基督教神话学家告诉我们，基督为世人赎罪而死，他降生于世乃是为了"死得其所"。那倘若他因为热病或天花而丧命，又或者寿终正寝抑或别的死因，情况会变得有所不同么？

他们说，亚当偷吃智慧果之后，耶和华审判了他；然而，上帝的判决并非"你必钉在十字架上"，而是"你必归于尘土"。①这句话说的是死亡之结果，而非死亡方式。因此，被钉在十字架上或者任何其他特定的死亡方式，并不构成亚当所要承受的刑罚的任何部分，所以，即便依照他们自己所设想的策略，它也不能构成基督代替亚当承受的刑罚的任何部分。倘若时机得当，一场热病能发挥与十字架一样的功效。

他们告诉我们，死亡判决就这样临到了亚当头上。这一判决定然具备两种意味：要么意味着自然死亡，即生命自然终止；要么意味着这些神话学家们所说的诅咒；因此，根据他们的教义推断，耶稣基督生命的终结则必然成为一项义举，它能使亚当和我们免于承受上述两类可能发生的后果的

① 详见《创世记》3：19：你必汗流满面才得糊口，直到你归了土，因为你是从土而出的。你本是尘土，仍要归于尘土。——译者

其中之一。

　　显然它不能使我们免于死亡，因为我们最终都会死去；倘若他们关于寿命的说法是正确的，即人类的寿命在耶稣基督受十字架刑后变得更短，同时考虑到第二种解释（其中包含耶稣基督的自然死亡代替全人类永恒的死亡或诅咒），那么在"死亡"这个词上要弄起一语双关的伎俩或者模棱两可的遁辞，以此表示造物主终止或撤销了刑罚，这实在太过牵强。遁辞的制造者圣保罗——倘若署有其名的书卷的确为他所写——通过为"亚当"这个人名制造另一个模棱两可的说法，而使它变得更加扑朔迷离。他制造了两个亚当：一个在事实上犯过错并代表人类受难；另一个代表人类犯过错并在事实上受难。像这样充斥着遁辞、花招诡计和双关谐语的宗教，它倾向于在对这些伎俩的实践运用中教诲指引那些公开信奉它的教士们。他们在全然不明就里的情况下养成了这种习惯。

　　倘若耶稣基督其人真如那些神话学家们所说的那样，并且他降生于这个世界乃是为了受难——他们有时用这个词替代"死"——那么他所遭受的唯一真正苦难则是"生"。他的人生乃是处于从天堂流放至此或被放逐的状态，而回到原生地的途径是死亡。——总而言之，在这个怪诞的体系中，所有的事物都是其假装之面的对立面，一切都似是而非。它是真相的反面，而我在剖析其前后矛盾与荒谬之处时，着实是不胜其烦，乃至于要加速给它下定论，以便继续探讨其他更有意义的问题。

《新约全书》署有人名的那些书卷中，有多少内容或者哪些部分真正是由这些人所撰写的，我们并不知晓；我们也无法确定它们最初是由哪种语言写成。书中所谈之事可以分成两类：秘闻类与书信类。

前文提到的《马太福音》《马可福音》《路加福音》和《约翰福音》都属于秘闻类。它们都是事件发生之后再对其进行转述。它们讲述耶稣基督的言行、其他人对他所做过的事和所说过的话；书中多处出现它们对同一事件的不同记述。在这些书卷中，启示必然不可能出现：不仅因为各作者之间存在不一致，也因为启示既不适用于事件目击者对事实的转述，也不适用于事件耳闻者对听来之言的转述或记录。人们所说的《使徒行传》（匿名之作）同样属于秘闻类。

《新约全书》的其他所有书卷——除了人称"启示录"这部令人费解的谜之书——都是名为"使徒书信"的书信集；而伪造书信是这世上屡见不鲜的勾当，它们是真或是假的概率至少是不相上下的。然而，有一件事远比这明确得多，那就是，教会将这些书卷包含的各种素材，连同某些古老的故事一并善加利用，由此建立了一个打着耶稣基督的名号、其实质却与此人道德品质大相径庭的宗教体系。它在对一个谦卑穷苦之人的歪曲仿冒中，建立了一种金玉其外、唯利是图的宗教。

他们所杜撰的"炼狱之说",人们花钱从教会购买祈祷文使灵魂得到净化而得赦免,出售免罪符、赦罪权和赎罪券,这些都是挂羊头卖狗肉的谋财图利之法。然而真实情况却是,这些东西的源头都是耶稣基督被钉上十字架后被阐发的象征意义以及由此衍生出来的学说理论,即甲可以代替乙并为乙行善事。因此,被称为"救赎"(据说是通过甲代替乙的做法而得以实现)的整套理论或教义原本就是人为编造的结果,其目的乃是为了引出所有那些代替性的、以金钱为代价才能实现的各种救赎,并使之有立足之基;而救赎理论这一观念所依托的书卷章节,同样也是为了实现此目的才由人制造编写而成。如此,当教会告诉我们,那些书卷字字句句绝无虚言,我们为何还要相信它,相信它的所有其他言论和它声称创造的那些奇迹?它能在著书方面弄虚作假,这一点确定无疑,因为它懂得书写之道;而撰写那些书卷这种事,则是任何人都有可能做的事;它编造这些著作,这件事情发生的概率,相当于它必定要告诉我们且已经告诉我们的另一件事的发生概率,这"另一件事"就是:它有能耐并曾经创造过奇迹。

既然在如此漫长的时期之内都没有产生任何用以证明教会是否编造了所谓"救赎之说"的外部证据(因为不管是用来证实还是证伪,这种证据同样具有造假的嫌疑),那么,为澄清此事，我们只能诉诸事物本身含有的内部证据：这就产生了一个非常有力的推断，即它是编造的结果，因为其内部证据就是，此救赎理论或教义乃是以金钱法度而非道义权衡作为其立足的基础。

倘若我欠债且无力偿还，债主威胁要将我送入监狱，此时可由他人出面承担并代我还清债务。然而，倘若我犯了罪，情况则在方方面面变得大不相同。即便清白无辜之人愿意挺身而出，道义也不能拿他来代替犯罪之人。道义若能如此行事，便会破坏它自身存在的原则，亦即破坏道义本身。它就不再是正义，它是不分青红皂白的复仇。

单单这一想法便能表明，救赎之说是纯粹建立在相当于甲之债务可由乙来偿还的金钱法度之上；而且这种金钱法度与代替性救赎体系一脉相承，救赎又是通过人们向教会支付金钱用来购买免罪符而获得的，那么极有可能这两套理论是同一拨人士编造的结果；而事实上，并不存在救赎这种事，它是被人想象出来的：人自诞生之日起，始终与他的造物主处于同样的境况之中，而且这种想法能为人所拥有，这是人类最大的慰藉。

让一个人相信这一点，他就会过上品行更高洁、道德更高尚的生活，这比其他任何宗教都奏效。教会教导他，要自视为戴罪之人、被遗弃放逐的人、乞丐、可怜虫、被丢进粪堆的丧家犬，与他的造物主山长水远，非得向中间人摇尾乞怜才能接近方寸；而恰恰就是这种灌输，使得他要么对宗教名义下的一切事物生出鄙薄轻蔑之心来，要么变得对宗教漠不关心，要么变成他所说的虔诚的信徒。而在最后一种情况下，他的整个一生都在忧愁悲苦中或在假装悲苦的惺惺作态中消耗殆尽。他的祈祷是谴责，他的谦卑是忘恩负义。他自称为"蠕虫"，肥沃的土地是粪堆，生命的所有恩赐都变成毫无感恩之心的自负虚荣。他轻视上帝赐予人类的最精妙的礼物——理性；他竭力把理性所抵制的信仰体系强加给自身，并不知好歹地称其为"人的理性"，好像人类有本事赋予自身理性似的。

然而，带着这种奇怪的谦卑外表和这种对人类理性的蔑视，他胆敢做出最肆无忌惮的举动来。他吹毛求疵地对待一切事物。他的自私之心永远得不到满足；他的忘恩负义永远不会终结。他胆大妄为到对全能的上帝颐指气使，甚至妄图左右上帝对宇宙万物的统摄。他祷告起来专横跋扈。阳光遍洒时，他祈祷下雨；雨水丰沛时，他祈祷艳阳高照。他反复无常、阴晴不定，无论他祈祷什么，他都遵循同样的套路，他所有的祷告还能是些什么玩意儿呢？无非只是妄想让全能的上帝改弦易辙、另行他事？这就好像他要说的是——汝不及余之才矣。

第九章　何处存在真正的启示

然而有些人可能会说——难不成我们就没有上帝之言么——没有启示？我的回答是：有。我们有上帝之言；我们有启示。

上帝之言就是我们双目所见的宇宙万物：正是在这种人类无法伪造或篡改的上帝之言中，上帝无处不在地对人类言说。

人类的语言存在地域差异并且变化无常，因此不能充当传播媒介来传递亘古不变且普遍存在的讯息。他们所宣称的，上帝派遣耶稣基督把福音从地球的这一端传至另一端，传遍四方各国的这种说法，只符合那些对地球外延属性一窍不通的人们的愚昧无知之见；与那些救世主一样，这种人相信并且在之后的几个世纪里还会（与哲学家们的发现和航海家们的经验背道而驰）继续相信地球平如木盘、人类最终能抵达尽头。

然而，耶稣基督如何能将信息传至四方各国呢？世上语言有数百种之多，他只能说其中一种，那就是希伯来语。几乎没有哪两个国家通行同一种语言或者彼此能互相理解；至于翻译，但凡对语言略有了解的人都知道，将甲语译为乙语是不可能的事，不仅无法避免流失大量源语信息，文意也常常遭到误读曲解；除此之外，在基督生活的那个时代，印刷术完全属于未知事物。

成事之手段与行事之目的，二者势必要相互匹配，否则目的便无法达成。正因为如此，力量与智慧的有限与无限之差别才能自现。人类因为天生缺乏实现自身所愿的某种力量，也常常因为缺乏合理发挥力量的智慧，我们常常在某些事情上劳而无功。然而，无限的力量与智慧却不可能像人类这样会遭遇失败。它所采用的手段与要实现的目的总是相匹配的。反观人类语言，尤其当世上不存在通用语时，它无法作为一种放之四海皆准的手段来传达千秋万代始终如一的信息；因此，它不是上帝用来无所不在地向全人类显现其自身的手段或工具。

只有在宇宙万物之中，我们对上帝之言的所有认识和理解才能合而为一。宇宙万物所言说的，是独立于人类语言的共通之语，纵然数量繁多、形态各异，仍为万物所共晓。它永远处于原初之态，人人可读。它无从伪造、无从假冒、无从遗失、无从篡改、无从压制。它为不为世人所知，并不依赖人类的意志；它于寰宇之内自我呈现在众人之前；它向世间万国的天下苍生传教布道；人类为了解上帝而必须知晓的一切，由这一上帝之言人类显现。

　　我们要妄揣上帝的力量吗？我们在万事万物的浩瀚无垠中得见。我们要妄揣上帝的智慧吗？我们在整个高深莫测的宇宙都由之统摄的不变秩序中得见。我们要妄揣上帝的慷慨之心吗？我们在他赐予地球的富足丰饶中得见。我们要妄揣他的仁慈之心吗？我们在他甚至不曾从那些忘恩负义的人手中收回他恩赐的锦衣玉食中得见。最后，我们妄图知道何为上帝吗？不要寄希望于任何凡俗之手都可以撰写的所谓经文圣典，而要从我们所说的宇宙万物中寻找答案。

第十章　论上帝以及《圣经》对上帝存在及其属性的阐释

　　人类能冠以上帝之名的唯一观念是有关"第一因"的观念，它是天地万物的居首之因。领会何为第一因，对人而言是极困难的事；即便如此，我们仍然可以从不相信过渡到相信它的阶段，而这不相信则比相信要困难十倍。我们在想象空间无边无界一事上的难度，非笔墨可以形容，然而更难的是，想象它有边界。设想我们所说的时间有一个恒久不灭的延续，这超出了人类能力范围；然而若时间不存在，设想时间存在则更是天方夜谭。

　　以同样的方式作理性推断，我们所见的一切事物都随身携带着并非由它自己制造的内部证据。每个人都是证据，证明他并非自我制造的结果；他的父亲也不能自我制造，祖父亦不能，任何他的族类个体都无法做到；任何一棵树、植物或者动物都不能造出它自己；似乎可以说，正是由这些真实现象得来的人类观念，让我们无可避免地选择相信永久存在的第一因，相信截然不同于我们所知的、任何具备物质实体之物的自然，世间的一切都仰赖它的力量而存在；而这第一因，人们称之为"上帝"。

人类只有诉诸理性才能发现上帝。理性一旦被剥夺，他什么都理解不了；在这种情况下，即便读的是所谓《圣经》这样的书籍，听众是人是马，其实没有分别。然而那些人又是怎样假装拒斥理性的呢？

在人称《圣经》的这本著作里，几乎是仅有的论及上帝的若干句段出现在《约伯记》的某些章节以及《诗篇》第19章；我记忆所及，并无他处。这些章节是真正的自然神论之作，因为它们着眼于造物主的杰作而展开对上帝的论述。它们只把宇宙万物之书视为上帝之言，而不参照其他；它们所下的一切论断，都是基于这部宇宙万物之书。

在此，我引述艾迪生根据《诗篇》第19章内容而创作的诗歌《高处辽阔的苍穹》。我忆起的不是诗篇，写作之时我也无从拜读参阅，引文如下：

　　高处辽阔的苍穹，浩渺无边，
　　万千天体，错杂纵横，
　　合成整个光明系统，共宣上主创造奇功。
　　永不疲倦的太阳，西落东升，
　　彰主太初创造大能，普照万类，
　　至正至公，显示上主能力无穷。
　　悄然掩上的夜幕，温柔明月，

清辉似银，面向大地轻轻诉陈，

重新自述由来所因，赞美上主超凡全能。

环拥四维的星辰，好似万盏光耀明灯，

遨游宇宙传播福音，真理遍洒寰宇。

周行暗黑的地球，纵然肃穆静默，

处处万籁无声，在理性的耳际众星欢悦，

吟颂壮美之音，歌声永不停歇，

恒久照耀世人，造我之主，神圣全能。

创造这些事物的乃是神圣全能的上帝，除此之外，人类还想知道什么呢？让我们相信这一点吧，他的力量人类无从抵挡，倘若我们允许自己的理性发挥作用，我们所奉行的道德准则当然也会与之随行。

《约伯记》中所有的叙述都具有与此诗篇相同的倾向，即由已知的真理推断出或者证明以其他方式无从获知的真理。

我能记起的《约伯记》句段有限，不足以正确无误地援引于此；然而有一句我想起来可以用于当下讨论的问题："你考察，就能测透神吗？你岂能尽情测透全能者？"①

因为我手头没有《圣经》，我不知道印刷商是如何处理

---

① 语出《约伯记》 11:7。——译者

这句话的；但是它提出了两个清晰的问题，其答案同样确定无疑。

首先，你考察，就能测透神吗？是的。因为，第一，我知道我并不是自我创造的结果，然而我客观存在；然后通过探寻其他事物的本质，我发现没有任何事物能自我创造，而世上却有成百上千万的其他事物存在，因此由这一发现得出我所知道的确定性结论，即有一种超乎一切事物之上的力量存在，那就是上帝。

其次，你岂能尽情测透全能者？不能。不仅因为我所见到的、他在宇宙万物的构造中显现出来的力量和智慧对我而言深不可测，也还因为即便是如此高深玄奥的显现，它也可能只是上帝全能力量与智慧的冰山一角，因为迢迢之距我无从得见，而成百上千万的其他天体却由之创造并继续存留于世。

显然，这两个问题在那些认为它们应该得到妥善解决的人们那里要经受其理性的拷问；只有承认第一个问题的答案是肯定的，第二个问题才能接续。倘若前者答案是否定的，继而再提出更艰深难解的第二问，那就全无必要，甚至有些荒唐可笑。这两个问题谈论的对象不同：前者关乎上帝存在，后者关乎其属性。理性可以甄别其一，但在领悟其二的全貌方面，却是永远力所不及。

在被认为是出自所谓"使徒"之手的所有书卷中，就我记忆所及，不曾发现任何论及何为上帝的只言片语。那些书卷大部分存在争议；他们讲述的一个人被钉上十字架后在极度痛苦中慢慢死去的故事相当沉重；比起在天地间自由呼吸的任何人，它与小修道院教士的阴郁性情更相称；而且，它出自这种人之手，也不是没可能。唯一一段我想起来与上帝的杰作——这些杰作是我们领会上帝力量和智慧的唯一途径——有一丝关联的，是书中耶稣基督训诫门徒时，作为去除忧虑之良方的一句话："你想，百合花怎么长起来；它也不劳苦，也不纺线。"这一点是远远不如《约伯记》与《诗篇》第19章深刻的。但是，三者秉持的观念近乎一致，其意象所蕴含的谦卑与人类的谦卑也不谋而合。

第十一章　论基督教神学与真正的神学

基督教信仰体系在我看来是一种无神论，一种带有宗教性质的、对上帝的否定。它自称相信一个人而非上帝。它是一个杜撰而成的复杂结果，其大部分内容关乎祖先崇拜，而几乎不含自然神论的成分，并且与无神论关系之近就好比黎明与黑夜之间的咫尺之遥。它在人类与其造物主之间引入一个它称为"救世主"的不明个体，就像月亮在地球与太阳之间引入一个晦暗不明的自己，通过这种方式制造出一种宗教性或反宗教性的月蚀——原光被遮蔽，它把理性运行的轨道置于暗影之中。

这种晦暗不明导致所有的一切上下颠倒，一切事物的真实面目被遮蔽，由此而匪夷所思地引发了甚多革命，其一便是神学革命。

我们如今所称的"自然哲学"涵盖的是整个科学领域，其中占据首要之位的天文学是关于上帝之杰作、关于上帝用于创造杰作的力量与智慧的学科，是真正的神学。

至于宗教人士现下研究的神学，那是关于人类观念和人类对上帝怀揣的奇思异想的学科。它不是在上帝创造的杰作之中对上帝本身进行的研究，而是局限于人类自己编造的结果或著述；基督教神学体系对这个世界万般作恶，其中有一桩祸害不浅：它摒弃了美丽无辜的神学体系原有的曼妙之姿，陷人于忧虑悲苦之中，使人蒙羞感愧，让迷信这个老巫婆登堂入室。

在按时间顺序排列的所谓《圣经》各书卷中，《约伯记》和《诗篇》第19章的成书年代，连基督教会也不得不承认要早于其现居的排位之年；此二者是关乎神学的演说词，其内容与神学的原初体系具有和谐一致性。这些演说词所含的内部证据表明，人们关于宇宙万物和上帝在万物之中显现的力量与智慧的研究与思考，构成了这些演说词写成之时的年代里百姓们宗教信仰的大部分内容；正是这种带有宗教信仰性质的研究与思考引导着后世的人们去发现如今我们称为"科学"的东西赖以成立的原理；而几乎所有为人类生活提供便利的艺术和技艺之所以存在，也正是归功于这些原理的发现。每一种重要的艺术或技艺都以某门科学作为其生身父母，即便是在其中躬身践行之人也并不总能——可以说是极少——意识到二者之间的关联。

然而，将科学称为"人类发明"，这是基督教神学体系的阴谋诡计：只有对科学的运用才是人类所为。每一门科学都有一整套系统的原理作为基础，这些原理与统摄调节宇宙的那些原理一样稳固不变。人不能制定原理，他只能发现原理。例如：人们看历书时总能读到关于何时会发生日食或月食的预言，同时也发现预言从未失灵过。这表明人类已经掌握了天体运行的规律。然而，倘若世上有教会宣称这些规律属于人类发明，那将比愚昧无知还要糟糕。

倘若有人说，人类借以计算和预知日食或月食发生时间的科学原理属于人类发明，这同样是愚昧之见，或者说比愚昧无知还要糟糕。人类不能发明任何亘古不变的事物：他用来达到预知这一目的而运用的科学原理，无可避免地必须且事实上也的确是有如天体运行所遵循的规律那样亘古不变；如若不然，它们就不能像现在这样用来确定日食或月食发生的时间和方式。

人类用来提前获取日食或月食或者与天体运行相关的任何其他信息而运用的科学原理，主要隶属于人们称为"三角学"或曰"三角形属性研究"的数理科学。当人们将这门科学应用于天体研究时，我们称为"天文学"；用它来为海上航行的船只指引方向时，我们称为"航海学"；用它来确定直线与曲线的结构与度量性质时，我们称为"几何学"；用它来绘制建筑图纸时，我们称为"建筑学"；用它来测量地球表面任意部分时，它被称为"土地测量学"。总而言之，它是科学的灵魂。它是永恒真理：它包含了人类所说的数学定理，它能发挥的用途之广至今尚未可知。

也许有人会说，人类能制造或者画出一个三角形来，因此三角形属于人类发明。

但是，由人类画出来的三角形，仅仅只是科学原理的外在具象表现：它是便于人眼辨识的图案，从眼观再到思维，否则它所象征的原理不能为人类所理解。这三角形并非制定了原理，这就好比一支点燃的蜡烛并非制造了房间内原先处于漆黑之中人眼不得见的桌椅。三角形的所有属性独立存在而不依赖于具体数字，并且在人类画出或想到任何三角形之前就已然存在。人类在这些属性或原理面前并没有任何作为，就如同他在天体运行所遵循的规律面前无所作为一样，因此前者与后者必定始于相同的神圣起源。

就如同有人说，人类能制造三角形，同样也会有人说，人类能制造人们称为"杠杆"的机械装置。然而，杠杆的工作原理是一种有别于装置本身的事物，即便没有装置，原理也照样存在；它在装置制成之后附于其上，因此装置只能以既定的方式运作，人类一切的发明成果都无法使其产生别的运作方式。在所有类似的例子中，人类所说的结果只不过是以人类可认知的方式表现出来的科学原理本身。

如此，既然人类不能制定原理，那么他是从哪里获得有关原理的知识，乃至不仅能将其应用于地球上的事物，还能用以确定那些距离他如此遥远的所有天体的运行？我想问的是，除了真正的神学研究，他还能从何处获取这些知识？

把那些知识传授给人类的，是宇宙的结构。那是所有科学原理的永恒的表现形式，数理科学的每个分支都建立在这些科学原理之上。这门科学的产物是力学，因为力学正是对科学原理的实践应用。倘若工匠拥有构建宇宙的神力，那他所运用的原理与他在平衡碾磨机各零部件时所运用的，乃是同一科学原理；然而他却不能使物质具有令宇宙这架硕大无朋的机器各组成部分在没有任何显见的接触作用下相互影响、协调运作的那种无形之力——人类将其命名为"引力"、"重力"与"斥力"——于是，他用齿轮这种粗陋的仿制品来替代无形之力。人类微观世界的一切都必须看得见、摸得着；倘若他能获取关于那无形之力的知识乃至能用于实践，那我们就可能会说，另一部"上帝之言"的经典之作也已经被人类发现了。

倘若人类能改变杠杆的属性，那他同样能改变三角形的属性：因为使用中的杠杆（此处以杆秤为例略作说明）构成一个三角形。秤杆、秤杆的提绳（提绳连接秤杆处的提纽为支点）以及秤杆末端与提绳之间的连线，三者分别构成三角形的三条边。秤杆前端以同样的方式构成三角形：在完全无需考虑秤杆自身重量的前提下，通过两个三角形对应各边的科学计算，由各角各边的正弦、正切与正割数值等几何运算得出：挂在秤杆不等臂上的两个重量，必定与秤杆的两臂长度成反比。

此外我们还可以说，人类能制造齿轮和转轴，能把不同尺寸的齿轮加以组装而制成碾磨机。然而最终还是回到同一点，即并不是人类制定了赋予齿轮运转之力的原理。此原理与前例中所论及的原理一样不可改变，或者更确切地说，这是同一原理展现在人类面前的不同的外在表现形式。

倘若我们将两个齿轮耦合，制成前文所述的那种秤杆，那么，两个不同尺寸的齿轮间相互作用力大小之比，则等于两个圆状齿轮的半径之比：因为从科学角度而言，这两个齿轮就相当于此类复式杠杆在相互作用下形成的两个圆形轨迹。

我们所有的科学知识正是来源于真正的神学研究，而这些知识恰恰就是所有人文学科的源头。

通过在宇宙结构中显现科学原理，神圣全能的训诲者邀请人类对之加以研究模仿，似乎他已经告知栖息于我们称为"人类家园"的星球上的居民们："我已经为人类创造了地球供其繁衍生息，我也已经为其绘制了目所能及的灿烂星河以传授他科学与艺术。如今他可以自力更生、自得其乐，并效法我对万事万物的慷慨之心，彼此宽仁相待。"

除非人类聆听他的教诲，否则，即便他被赋予某种力量、视线能跨越遥不可测的距离而看见苍茫宇宙中周而复始不停运转的浩瀚无限空间，那又有何用呢？或者说，这浩瀚无限的宇宙空间为人类肉眼所能看见又有何用呢？昴宿星团、猎户星座、天狼星，还有人类所命名的北极星以及他称为土星、木星、火星、金星、水星的那些移动球体，倘若它们只是为人类所看见却并无所用，那它们与人类又有什么相干呢？倘若当初的恩赐、人类现在拥有的浩瀚像如今这样被白白浪费在充斥着假象矫饰的辽阔荒漠之中，那我们又何须生有如此敏锐清明的双目？

人类只有把他所说的星空宇宙当作科学的圣典与殿堂，才能发现它们在我们视野中可见、具有怎样的用处，或者发现因为自己拥有目及苍穹的视野而带来怎样的好处。不过当他从这一角度思考问题时，他便会产生别的念头：但凡事物存在，便不是枉然；倘若这视野什么都不曾教给人类，那才是枉然。

第十二章　论基督教教义对教育的影响以及改革建议

　　基督教信仰体系已经在神学领域进行了一次改革，它在教育领域同样进行了一次改革。如今人们所说的"追求学问"，其涵义有别于当初。现在的学校把学问变成了对各种语言知识的掌握，然而学问并非如此，它是人们对语言赋予其名称的各种事物之知识的掌握。

　　古希腊人学识渊博，但是他们的学问并不在于掌握希腊语；无独有偶，古罗马人之于拉丁语、法国人之于法语、英国人之于英语皆是如此。据我们对古希腊人的了解，似乎他们通晓或研究的语言只有自己的母语，而这也是他们如此渊博的原因之一：因为这样能使他们匀出更多的时间，追求更广泛或更深入的知识。古希腊人的学园是科学和哲学的学园，而非语言的学园；而学问，恰恰就在于掌握科学和哲学教给人们的事物之知。

　　我们现存的科学知识几乎全部来自古希腊人，或者说那个讲古希腊语的民族。因此，对于说其他语言的别国人而言，其中某些人就有必要学习古希腊语，以便将古希腊语写成的科学与哲学著作翻译成各自的母语，从而让古希腊人拥有的知识也能为自己国家的人们所知。

因此，对古希腊语的研习（拉丁语亦如此）不过是语言学家们的苦差事，就此习得的语言不过是一种手段，或者说是一种用来获取古希腊人所拥有知识的工具。它不构成学问本身的任何部分，并且二者之间的差别相当显著，乃至于对古希腊语精通到能翻译诸如欧几里得《几何原本》的人，极有可能根本不曾理解著作本身含有的任何知识。

这些已经不再为人所用的死语言，如今没有了新鲜可学之处，所有有用的著作都有译本；这些语言毫无用处，花在传授和学习它们的时间被付诸东流。只要语言研习有助于知识的进步与传播（因为它与知识的产生毫不相干），那么只有在活着的语言里，人们才能发现新的知识；而且可以肯定地说，一般而言，年轻人学习活语言一年后的掌握程度，会超出其学习死语言七年后的对应水平；若说教师本人对死语言颇有造诣，那也是极之罕见的。学习死语言之难，不在于语言本身有什么超乎寻常的深奥之处，而是因为它们已然死去，发音已经完全无迹可寻。任何语言一旦死去，都会是同样的命运。就对古希腊语的了解而言，现今最优秀的希腊语语言学家，也不及一个古希腊农夫或挤奶女工；拉丁语亦然，今之语言学家比不上古之罗马农夫或挤奶女工；至于发音与俗谚，尚不及她手下的奶牛呢。因此，摒弃对死语言的研习、使学问恢复其对科学知识的掌握这一原有之义，这对人们求知向学来说，是颇有裨益的。

人们有时为继续教习死语言出声辩护，即它们被教授的时机乃是幼儿处在除运用记忆之外无从进行任何其他智力活动的年纪。然而，此言大错特错。人类大脑对科学知识和与之相关的事物有着与生俱来的偏爱。孩童最初和最爱的，甚至在他会玩耍之前就热衷的消遣，就是仿造人类制作之物。他用卡片和棍棒建造房子；他放一艘纸船在一碗水做的海洋里巡游；他在排水沟里修筑堤坝，设计他称为"磨坊"的玩意儿；他兴致勃勃地带着类似于钟爱的关切之情，惦念着这些作品的命运。后来他去了学校，他的天赋才情在那里被徒劳无果的死语言学习扼杀，于是这位哲学家被葬送，最终成了语言学家。

然而，如今为继续教习这种死语言所预备的托辞，不再像起初那样仅仅为了追求狭隘而卑微的语言知识，因此理由得从别处寻找。在所有此类研究中，我们能找到的最有力的证据，是事物本身携带的内部证据以及与之密切相关的事实证据；在这种情况下，要想发现这两种证据并非难事。

那么，为了不将两件事情混为一谈，我们暂且不提基督教妄揣上帝让清白无辜之人代替负罪之人蒙受苦难，而对上帝的道德正义进行的肆意践踏；也不提基督教妄揣上帝变成人形是为了使自己有借口避免对亚当执行本应执行的惩罚，而表现出来的寡廉鲜耻和愚不可及；如我所言，为了不将两件事情混为一谈，可以肯定的是，所谓的基督教信仰体系，它对宇宙万物那套异想天开的说法：奇诡的夏娃与蛇和智慧果的故事、似是而非的人神一体说、给神之死赋以肉身之形的想法、关于诸神的神话概念，以及基督教"三即一、一即三"的算术体系，不仅在上帝恩赐的理性之礼面前统统站不住脚，在人类借助科学之力、通过研习上帝创造的宇宙结构而获取的上帝力量与智慧面前同样全都经不起推敲。

因此，基督教的创立者与拥护者能预知的只有一件事，那就是人类在科学之力和上帝显现在宇宙结构及万事万物之中的力量与智慧之助力下获取的不断进步的知识，终将妨碍并质疑他们信仰体系的真相；因此，为了实现一己之目的，他们有必要把学问狭隘地圈定在对自己所行之事威胁较小的范围之内，于是便将学问这一概念仅限于对死语言死气沉沉的研习。

他们不仅把对科学的追求赶出基督教学堂之外，而且还百般压制迫害；直到两个世纪前，科学之路才开始重新焕发生机。要晚至 1610 年，一个叫伽利略的佛罗伦萨人才创制并率先使用望远镜，由此观测到各天体的运行及其形态状貌，进而为确定宇宙的真实结构提供了新的途径。然而，他非但不曾赢得任何尊重，反而遭到判决，此番成就被要求视为该受诅咒的异端邪说，判处他放弃这些发现或者否认由此得出

的观点。就在他之前，维吉尔也曾因为提出与教会相反的
"对拓地之说"而被判火刑；他认为地球是个球体，并且任
何有陆地之处都是人类可居之所——这在如今是老少皆知的
真理。①

倘若人们某种错误的信仰在道德上没有可指摘之处，也
不被拿来作奸犯恶，我们就没有道德义务去反对和摒除它。
相信地球平如木盘，这并不存在任何道德败坏之处，正如相
信地球形如圆球并非什么道德高尚之举；同样，相信造物主
并未创造其他天体，这没有什么道德败坏可言，正如相信他
创造了成百上千万个天体充溢于无限的宇宙空间也并没有什
么道德高尚之处。然而，当一套宗教体系被人从假定的、关
于万物创造的错误观念中培植出来，并且以一种几乎不可分
割的方式与这些观念紧密联结，情况就具有了截然不同的性

---

① 此维吉尔是一位爱尔兰本名为菲戈希尔的古代人士的拉丁名字，我无法找到有关
他这一主张的文献资料。大英博物馆存有一份《十条教规》，这是美因兹大主教博
尼菲斯当初指控萨尔斯堡主教阿博特·维吉尔持异端邪说的托词。两位是分别代
表敌对势力"英国国教会"与罗马教廷的宗教领袖。"英国国教的捍卫者转而指责
博尼菲斯有反宗教行为。"博尼菲斯不得不表示"懊悔"，但仍与对手继续缠斗。
罗马教皇圣扎迦利二世决定，倘若他所声称的"违逆上帝和他的灵魂之教义，即
地底之下存在另一个世界、人类或者太阳与月亮"为维吉尔所认可，那么他应被
宗教理事会开除教籍并依规惩足。不论八世纪中期的"依规惩处"实情究竟如
何，最终并未落到维吉尔头上。指控他的博尼菲斯于公元 755 年殉教，并且很有可
能维吉尔把他的对拓地思想和谐融入了正统教义。对异端邪说的控诉似乎成了一
种暗示，即世上有些人并非亚当的后裔。维吉尔于公元 768 年被任命为萨尔斯堡主
教。他顶着"几何学家和隐士"或"孤独旅人"这种奇怪的名号直至 789 年离世。
在后人的记忆中，他一直被怀疑是异端分子，直到 1233 年罗马教皇格雷戈里九世
将他纳入圣徒之列，与曾经指控他的圣博尼菲斯比肩而立。——原书编者

质。那些在道德上没有指摘之处的错误，正是在这种情形之下变得祸患满盈，仿佛它们原本就包藏着灾祸。正是在这种情形之下，原本对一切淡然处之的真理，因为成了检验的标准而变得至关重要：对待宗教本身的事实真相，要么摆出支持性证据证实其正确无误，要么摆出与之对立的证据加以否认。从这一角度而言，获取宇宙结构或世间万物所能提供的一切可能证据来对质宗教所主张的观念体系，这恰恰就是人类肩负的道德责任。然而，基督教的拥护者，或者说教派分子们好像对由此产生的结果心怀畏惧，反对之声从未间断。他们不仅拒斥科学，而且迫害传播科学知识的学者贤士。倘若牛顿或笛卡儿生在三四百年前，并如他们在生时所做的那样满腔热情地追求学问，他们极有可能至死都学无所成；倘若富兰克林在那个年代从云端引出雷电来，恐怕也会因为发明避雷针而有葬身火海的危险。

后世的人们把所有的过失归咎于哥特人[①]和汪达尔人[②]；然而，不论基督教教派分子们有多不情愿相信或承认，一个无可争辩的事实是，基督教正式开启了人类的蒙昧时代。此

[①] 另译哥德人，古代东日耳曼人部落的分支，公元五世纪初围攻罗马并破城，成为历史上首批劫掠罗马城的蛮族势力，西方古典时代的秩序由此开始瓦解。——译者
[②] 古代东日耳曼人部落的分支，公元五世纪中期入侵意大利并攻陷罗马城，并在半月内洗劫该城；自此，汪达尔人成为肆意破坏和亵渎圣物的代名词。英文中"vandal"一词即意为"恶意/蓄意损毁文物/文化艺术的人"。——译者

段时期之前存于世上的知识，比几个世纪之后还要多；至于宗教知识，如我前文所言，基督教体系只是另一套神话传说，而它所接续的，正是腐化没落的古代有神论体系。①

正是由于这段旷日持久的科学空位期，且并无任何其他原因，我们的目光如今必须穿越一段长达数百年之久的巨大空白，回首瞻仰令人肃然起敬的、我们称为"古典作家"的贤哲们。倘若知识在其此前原有的基础上有条不紊地正常演进，这段空白将会被众多学问才情各有千秋的人物所填满，而我们现在如此尊崇的那些古代贤哲则将退居为受人敬仰的历史背景。然而，基督教让它寸草不生；倘若我们站在十六世纪的开端，我们的目光就会越过那段漫长的空白直抵古代

---

① 如今我们已经无从得知异教神话始于何时；然而可以肯定的是，从其自带的内部证据来看，它发端时的状态或情形与其终结时有所不同。在这一套神话体系中，除农神萨杜恩之外的所有其他诸神，都是现代发明的产物。人们所认为的萨杜恩统治时期，要先于我们所说的异教神话时代，前者所体现的有神论年代相当久远，乃至于有可能是一神论。萨杜恩被认为将自己的统摄之位内禅给了他的三个儿子和一个女儿：朱庇特、普路托、尼普顿和朱诺；在这之后，成千上万的其他诸神与半神在人们的想象中应时而生；自此，众神的代际更迭变得和宗教圣徒与天潢贵胄的代代承袭一样频繁。

在神学与宗教领域业已发生的所有腐败行径，都源于人们对所谓"天启教"的接受与认可。此教派的神学家们假装自己比基督徒获得了更多的上帝启示。他们有自己的神谕和牧师，后者被认为是在所有场合都能以言辞的形式接受并传递上帝之言的人。

从那以后，自与火祭儿童有关的摩洛神到现代的宿命论、自异教徒的活人祭到基督教给造物主的献祭，所有的腐败行径都源于人们对所谓天启宗教的接受与认可，而防止所有此类罪恶与欺骗最行之有效的方法就是：不承认除万物之书中显现的启示之外的任何其他启示，并视万物为曾经存在或者将永远存在的唯一真正且真实的上帝之言；任何其他被称为"上帝之言"的事物都是传说与谎言。

贤哲生活的时代，就像越过一片巨大无边的沙漠，那赤地千里的不毛之地上，没有任何草木遮挡我们凝视远方沃野高地的视线。

人们会探索上帝所创造的宇宙的结构，可是基督教把这种探索视为反宗教行为；如果这世上有什么事物能以这种宗教的名义存在，这是委实难以让人信服的悖论。然而这又是不争的事实，让人无从否认。打破这漫长专制蒙昧之链最振聋发聩的第一声呼喊，乃是马丁·路德为人所称的"宗教改革"。自此，尽管看上去科学并未被纳入路德或者那些被称为"改革志士"的人们所意欲实现的任何目标版图之内，但各门科学开始复苏，科学与生俱来的盟友——开明的思想——也开始渐渐浮现。这是宗教改革给公众带来的唯一善果，因为就它给宗教本身带来的益处而言，倒不如希冀它从未发生过。宗教神话仍然丝毫未变，而整个传统基督王国的教皇轰然垮台，反倒催生了世界各地数不胜数的国家教皇。

第十三章　论基督教教义与自然启迪下的宗教思想之对比

　　我已经从事物的内部证据出发，阐明了教育发生变化的原因，揭示了死语言研习取代科学研究的动机；接下来，我将接着上文已经阐述的几点看法，继续对比分析，或者更确切地说，在基督教信仰体系面前，检验宇宙结构所提供的证据。不过，就本章即将论述的内容而言，我开篇最好的方式是回顾自己幼年时期萌发的一些想法，而且我敢肯定，在某种程度上，这些想法几乎任何人或早或晚都会产生；我将陈述其具体内容，并结合从中涌现出来的相关问题，以引言的方式为全文做一个简短的介绍。

　　我的父亲是一名贵格会教徒，因此我非常幸运地在道德方面受到了极好的教育，在实用知识积累方面也还不错。虽然我上过文法学校，但并未学习拉丁语，这不仅因为我无意学习各种语言，也因为贵格会教徒们反对语言类书籍。不过即便如此，我对学校里所有的拉丁文科目还是比较熟悉的。

　　我对科学怀有与生俱来的热忱。我资质不错，并且自认颇有诗才；然而这样一种天赋，我情愿扼制也不愿鼓励其自由发展，因为它会导致我过于沉迷想象。及至经济允许，我便购得一对地球仪，并聆听马丁·克努岑①与亚当·弗格森②的哲学讲座，后来还结识了享誉科学殿堂的英国皇家学会会员约翰·贝维斯医生，他是一位卓越的天文学家。

我对所谓的政治不感兴趣。它带给我的认识，仅用一个词来概括，那就是"招摇撞骗"。因此，每当要思考与政府有关的事项时，我必须得自有主张，这些主张与我所受的教育提倡的道德原则和哲学原则相一致。我领悟到，或者说至少我觉得自己已经领悟到，彼时美国所身临的处境，乃是将一幅广阔的前景呈现在全世界面前。在我看来，除非美国人在与英国政府的关系中改变当时奉行的策略，并且宣布独立，否则他们不仅会把自己卷入重重新困难之中，而且会白白断送当时借由他们之手主动呈现在人类面前的美好未来。正是基于这些考虑，我发表了名为《常识》的著作，这是我公开发表的第一部作品。而根据我对自己的评判，倘若不是因美国事务之故，我相信，不论撰写什么著作，我都不会因之而扬名世界。我1775年年末撰写的《常识》，于1776年1月1日出版发行。同年7月4日，美国正式公布《独立宣

---

① 马丁·克努岑（1713年12月14日—1751年1月29日），德国哲学家。——译者
② 亚当·弗格森（1723年6月20日—1816年2月22日），苏格兰道德哲学家和历史学家，苏格兰启蒙运动主要思想家之一。——译者

言》。①

任何一个通过自省其身而对人类思想的状态与发展有过思考的人，必然会认识到，我们所说的思想有两个不同类别；一类，是我们通过内省和思考所得；另一类，则是其自动窜入我们思维之中所得。面对那些自发自愿的"外来客"，倘若它们值得盛情款待，我一贯都是尽我所能以礼待之，慎思慎辨；我所获得的知识，几乎全部都来自于此。至于人们从学校教育中得来的学问，它就像是一小笔资本，其作用仅仅在于把人领进知识之门，此后是漫漫自我求索之路。每一位学高之人，最终都是己身之师；其原因在于，科学原理有其独特属性，这一属性因具体情形不同而呈现出不同的外在表现形式，所以各种科学原理无法一劳永逸地铭刻在人的记忆之中；在人类的思维世界里，它们存在于个人正在进行着的理解活动之中，它们以概念的形式开启我们的理

① 1776 年 1 月 10 日对《常识》这份小册子最初进行的宣传中，原话称为"新近发表之作"；但是在 1774 年离开英格兰前往美国之前，潘恩撰写了为税吏所写的请愿书并已经印刷成册，只是要到 1793 年才公开发表。虽然他一再提及《常识》是他发表的第一部作品，但仍然有人认为，他曾经化名"朱尼厄斯"写过一些文章。在本书第二部中，我们或许可以找到一个间接性的注解：潘恩提到，一个身怀旷世之才、写得出《荷马史诗》的人，"是不会将这等声名拱手送给他人而白白丢掉自己扬名立万的机会的"。有可能潘恩认为"朱尼厄斯"所写的那些信是出自托马斯·霍利斯之手。潘恩的友人弗朗索瓦·朗特纳在其翻译的《理性时代》的法文版（1794）中，为《朱尼厄斯信札》（托马斯·霍利斯）法译本做了宣传。倘若不曾征得潘恩的首肯，他这么做几乎不可能。遗憾的是，《朱尼厄斯信札》法译本在法国国家图书馆和大英博物馆都找不到，我们无从断定，文中是否有尝试确认朱尼厄斯的真实身份。——原书编者

解之旅，几乎片刻不停留。以上大体就是本章的引言部分。

从我能产生自己的想法并经过深入思考后以其作为自身行为的指引那时起，我要么对基督教教义心存怀疑，要么觉得它很荒唐；我几乎分辨不清它到底为哪般。然而我清楚地记得，大概在七八岁的时候，我聆听家中某个亲友诵读一篇布道文，他是一位非常虔诚的基督徒，那篇布道文讲的是人们所说的上帝之子以自身之死救赎世人的事。结束之后，我走到花园里，在一步步迈下花园台阶时（因为当时的情景至今仍历历在目），回想起方才听到的那番话，我的心里充满了厌恶。我暗忖，这是在把全能的上帝说得像个冲动鲁莽的凡人：他没有别的复仇之道，便杀了自己的儿子。而且我当时确信，谁要是做出这种事情来，他会被绞死，所以我想不明白，他们出于什么目的竟然宣扬这种教义。人尚且年幼时，难免会产生一些顽劣愚痴的念头，然而我当时的所思所想却并非如此。对我而言，那是谨慎严肃的思考，它源于我抱持的这样一种观念：上帝是仁爱慈善的，他绝对不会做出这种事；上帝也是全能至上的，他根本没有必要做这种事。时至今日，我仍然初衷不改；而且我还相信，任何宗教，但凡它含有任何使幼童的心灵感到震惊的事物，都不可能是真正的宗教。

身为基督徒的父母似乎羞于启齿向孩子们讲述任何有关他们所信奉的宗教所宣扬奉行的原则。他们有时候会教些道德品行之训，谈到他们口中的"上帝"的仁慈；我之所以特别指出是他们口中的"上帝"，是因为基督教神话中存在五位神：圣父、圣子、圣灵、上帝以及自然女神。然而，基督教教义中圣父亲手或者借他人之手杀死自己的儿子（用平实易懂的话加以转述便是如此）这种故事，不能由父母讲给孩子听；倘若告诉孩子，这么做是为了使人们生活更幸福、人类变得更好，情况则更加糟糕，因为这样一来，好像人类可以通过谋害他人而改善自身；而倘若告诉孩子，一切不过是宗教传说，这其实也只是因为故事本身令人难以置信而编造借口而已。

这与自然神论纯粹简单的教义多么不同！真正的自然论信仰者心中只有唯一的上帝；而且他的宗教信仰存在于从上帝创造的万事万物中对上帝力量、智慧和仁爱的思考，存在于努力在一切符合道义、科学以及力学规律的事情或事物上对上帝的效仿。

在崇尚道德与仁爱方面，所有宗教派系中与真正的自然神论最接近的，要数贵格会教徒。然而，他们将上帝创造的杰作摒除在信仰之外，从而导致固步自封。我敬重他们的博爱之心，但倘若当初上帝在创造万物之时征询了某位贵格会教徒的品位，那将会造出一个多么沉寂又乏味的世界啊。每每想到这里我便忍俊不禁，那就真的是：花无绽放之时，鸟无啼鸣之日。

思忖至此，暂略不提，下文我将探讨别的话题。我在自己把地球仪和奥雷里仪用得十分得心应手[1]、对空间的无限性和物质的可无限细分性有所认识并至少掌握了被称为"自然哲学"的一般性知识之后，开始着手对比，或者如我前文所言，在基督教信仰体系面前检验这些事物所提供的内部证据。

　　虽然基督教教义中没有直接言明我们所栖居的这个星球是整个宇宙之中唯一可栖居之地，但是因为出现了所谓摩西对上帝创世的记述、夏娃与智慧果的故事以及与之首尾呼应的圣子之死的故事，这种观念在世人的思想中逐渐根深蒂固。如此一来，倘若有人抱持别的世界观，即相信上帝创造了很多天体、其总量至少与我们所说的繁星之数不相上下，那会立刻显出基督教信仰体系的渺小与荒谬来，它的教义就会像空中的羽毛，在人心里轻飘飘毫无分量。这两套信仰不可能相容于同一个人的思维之中；倘若自认为二者兼信，那么这个人实际上对其中任一套信仰都不曾细加斟酌。

　　虽然宇宙存在众多天体这种观念对古人来说并不陌生，

----

① 拙作的读者之中或许有人不懂什么是奥雷里仪，因为单看其名称并不能确定此物作何用途，为此我增补该条注释。奥雷里仪这个名称得之于它的发明者。它是一套带有发条装置、用来展示宇宙各天体运动和相对位置的机械模型。在这套模型中，太阳作为整个宇宙体系的中心，地球自转并环绕太阳公转，月球绕地球而转，其他行星绕太阳而转，它们与太阳及彼此之间成比例呈现的距离和各球体大小尺寸，皆以真实存在的、我们所说的"太阳系"为参照依据制作而成。

然而要到三个世纪以前，我们栖居的这个星球的具体大小和面积才得以确定。几艘巨轮在广阔的海洋之中已成功绕行地球，就像人沿着某个环道前行，最终却从相反的方向回到他出发的原点。我们这个星球的最大周长——就像我们测量苹果或圆球最饱满之处的周长——只有 25020 英里（约 40266 千米），一赤道度约为 69.5 英里（约 111 千米），大概航行三年方可绕行一周。①

如此巨大的球体，我们初想之下会觉得非常了不起；然而倘若我们拿它与它所悬置其中的浩瀚宇宙相比，它就像一个浮在空中的气泡或气球。地球与宇宙的大小比值无限小于最细碎的沙粒与地球本身大小之比，或者最玲珑的露珠与整个海洋的大小之比，因此它只是一个小小的星球，并且如下文所示，它不过是构成整个宇宙体系的无数球体之一而已。

倘若我们继续往下想，不难得到一个关于地球与所有其他星球所处的宇宙空间到底有多大的模糊概念。我们在想象房间大小或尺寸时，思维会自动限定在几堵墙体围成的空间之内而不会超出其外。然而，当我们睁开双眼、想象的翅膀直窜云霄、视线遥遥望向我们所说的苍穹时，我们无法设想那里会有任何墙体或边界；倘若我们为了便于思考而假设有

① 若沿赤道作直线环行，假定船的平均航行速度为 3 英里/小时（约 4.8 千米/小时），则不足一年即可绕地球一周，不过在现实中，我们必须考虑具体可行的海上航线。

边界存在，那么，问题就会瞬间摇身一变：边界之外又如何？依此类推，下一道边界之外又将如何？如此这般寻根究底，直到我们的想象筋疲力尽之后折返回来告诉我们，那里无边无界。毫无疑问，造物主当初没有造出比现在更大的世界来，他没有将它框定在任何边界之内；我们必须在别处寻找解释。

倘若我们全面审视自己所在的这个星球，更确切而言，审视造物主在无穷无尽的宇宙万物中赐配予我们使用的这个星球，我们便会发现：这里的一切事物，土地、水流以及围裹着它的大气，处处充盈着勃勃的生机：上至我们所知的最大型的动物，下至肉眼可见的最小型的虫豸，乃至需要凭借显微镜方才看得见的更微渺的生物，无一不是鲜活的生命体。每一棵大树、每一株草木、每一片绿叶，不仅充当着栖居之地，也为不计其数的其他物种提供了繁衍生息之所；一片凋零的落叶也会是成千上万条生命用以饱腹的食物，直至世间生灵尽得其所哉。

自此之后，我们的地球物尽其用，没有一处被闲置。既然如此，我们为什么要认为宇宙是永恒荒凉之境中空洞的虚无？那里有不逊于甚至超出我们所在星球的其他成百上千万个天体存在的空间，这些天体彼此相望，遥遥隔着成百上千万里。

兴言及此，倘若我们仅仅再往前多想一步，或许就会发现，造物主为何当初不曾创造一个空间无限延展、无边无量、巨大却单一的世界，而是将它化整为零地分成若干个各有特色且彼此分离、我们称为"行星"且地球只是其中之一的不同天体的真正原因，或者我们至少会发现一个极为合理的、可以用来解释人类幸福的理由——上帝创造的这个宇宙，实乃人类福祉之源。不过在陈述我关于这一问题的看法之前，有必要（为那些不知就里的读者们）略加说明何为宇宙体系。

第十四章　宇宙体系

　　宇宙中被称为"太阳系"的天体集合体（意为我们地球所隶属的、以太阳为中心的天体体系），除太阳之外，由六个不同的星球①、或曰"行星"、或曰"天体"及其被称为"卫星"的从属天体共同组成；地球以一年为周期绕太阳公转，月亮为其卫星；与各自绕行其隶属的行星或天体的其他卫星一样，月亮环绕地球运转，我们借助天文望远镜或许可以看得到。

　　太阳是太阳系的中心，与之距离各不相同的六大行星围绕其做同心近圆运动。每个球体围绕太阳公转的运行轨道几乎固定不变，同时进行自转时几乎垂直于公转轨道面，就像旋转的陀螺会几乎垂直于地面但有微微倾斜。

　　地球的赤道面与其公转轨道面的交角约为23°5'，它使我们有了冬夏之分、白天黑夜长短不同。倘若地轴垂直于太

---

　　① 作者此处指的是水星、金星、地球、火星、木星和土星，天王星未包括在内。据本书编者推断，此段内容可能摘自某份写于1781年天王星被发现之前的手稿，海王星则要在1846年才被人类发现。——译者

阳赤道面或公转轨道面自转，就像陀螺旋转时垂直于地面那样，那么地球上的昼夜长短将会变得一样，即各十二小时，且终年只有一季。

行星（以地球为例）自转，产生我们所说的日夜之分；行星绕太阳公转一周，产生我们所说的一年之期；因而地球每绕行太阳一周，即自转三百六十五周。

古人对这六大行星的命名我们沿用至今，它们分别是水星、金星、地球、火星、木星与土星。我们用肉眼观察时，与其他天体相比，这些行星与地球的距离要近约几百万英里，所以看上去体积更大。金星就是我们所说的"长庚星"，有时也称为"启明星"，因为它在日落之后、日出之前出现；无论哪种情况，金星的出现与日落或日出之间不会超过三个小时。

如前文所述，太阳系的中心是太阳，离其最近的行星是水星，距离约为 3400 万英里（约 5471 万千米），其公转运行轨道与太阳之间的这一距离始终保持不变，就好比旋转的陀螺沿同一环带运动、磨坊拉磨的马环石磨绕行。其次是金星，距离太阳约为 5700 万英里（约 9173 万千米），因此其运行轨道远大于水星。其三是我们所栖居的地球，距离太阳约 8800 万英里（约 1.41 亿千米），因此其运行轨道大于金星。其四是火星，距离太阳约 13400 万英里（约 2.16 亿千米），因此其运行轨道大于地球。其五是木星，距离太阳约

55700 万英里（约 8.96 亿千米），因此其运行轨道大于火星。其六是土星，距离太阳约 76300 万英里（约 12.28 亿千米），因此其运行轨道乃位于所有其他行星轨道的最外环。

如此，我们所在的太阳系因为这些球体围绕太阳运转而在宇宙中占据空间的具体大小，可以通过土星公转轨道的直径来测算，即土星与太阳距离的两倍，其数值为 15.26 亿英里（约 24.56 亿千米）；其圆周大约长达 50 亿英里（约 80.47 亿千米）；总体积几乎是 35 亿英里（约 56.32 亿千米）乘 35 亿平方英里（约 90 亿平方千米）之积。①

然而，虽然浩大遥远，它仍不过是宇宙体系之一。在这之外更渺远、远非我们测算能力所及的宇宙深处，存在着我们称为"恒星"的天体。它们被称为恒星，是因为它们不像我此前描述过的六颗行星那样运转。那些恒星彼此之间保持着恒定不变的距离，并且位置固定，就像太阳总是处于太阳系的中心那样。因此，虽然我们无法跨越如此遥远的距离加

① 倘若有人问，人类何以知道这些数据？我的答案很简单，那就是，人类知道如何推算日食和月食出现的时刻，也知道如何在金星环绕太阳公转时，把它与地球和太阳形成一条直线以及它在人眼看来像是一颗大豌豆从太阳眼前掠过的时刻精确地测算到具体某一分钟。这种天文现象一百年之内只发生两次，前后间隔八年；我们所在的时代也发生过两次，并且都通过测算而得以预知。我们同样也可以预测未来千年之内或任何遥远之期此类现象何时会再次发生。因此，倘若对太阳系一无所知，不懂各行星如何运转，人类就无从取得这些成就；由此可见，人们能够预测日/月食的发生或测算金星出现的时间点这一事实，就是证明此类科学知识存在的有力证据；至于几千或者甚至是几百万英里，不论长短，在如此遥不可及的距离面前几乎都无关痛痒。

以测算，但每颗恒星有可能都是球形发光体，有其他行星或天体围绕其运转，就像我们所在的体系中各行星以太阳为中心运转那样。通过这一简单论述，我们便会发现，宇宙充满了多重星系，没有哪个角落处于荒凉之境，就像我们所在的地球没有哪一寸土地、哪一泓清水被荒废弃置不为人所用一样。

以上内容乃是我尝试用通俗易懂的方式对宇宙结构所作的解释说明，接下来我将回到先前提出的那个问题，即：造物主创造了多层次的天体系统，其中就有由作为中心的太阳与六大行星及其卫星构成的太阳系，而非仅仅创造无限大的单一球体；如此这般，上帝赐予人类的福祉有多么伟大。

第十五章　论多层次天体系统之裨益

我始终铭记于心的一个观点是：我们关于科学的所有知识，都是从（呈现于我们眼前并因此被我们领会的）天体运动而来，其中构成我们太阳系的那几颗行星各自沿着既定的运行轨道环绕太阳而运转。

倘若这六大行星融汇成单一球体，那么如此产生的后果，或者是天体运动不复存在，或者是它不足以提供我们今日所拥有的科学理念与知识。而对人类的康宁幸福做出巨大贡献的所有技艺和艺术，恰恰就是来源于这些科学知识。

造物主不曾创造无用之物，因此我们同样应该相信，他如此设计的宇宙结构定然也会最大限度地造福于人类。倘若宇宙只是单一球体，就其与太阳系的关系而言，我们如今享有的裨益便将不复存在；当我们发现并在经验中亲身感受到我们从现有的宇宙结构中所获得的裨益时，我们至少能发现一个可以用来解释上帝为何创造多元天体系统的原因，而这一原因能唤起人类虔诚的感恩之心和敬仰之情。

然而，多层次天体系统所产生的裨益不仅仅造福于我们这些地球居民。构成我们所在太阳系的所有行星上的居民，拥有和我们相同的获取知识的机会。他们看得见地球旋转，我们亦看得见对方星球的运动。所有的行星都在彼此的视野中绕行转动，因此同样的宇宙科学知识体系自我呈现在所有行星面前。

知识也并未就此终结。我们邻近的星系如我们所在的体系一样，在整个浩瀚无际的天体世界里，它们以类似的方式在运转之中向栖息于其体系之内的居民们展示着相同的宇宙真谛与科学原理。

我们在思考宇宙的边界和结构时，我们不仅对造物主的至上全能有了更深切的体会，对他的智慧和仁慈也相应地有了更深刻的认识。单一球体式宇宙的设想，不管它在无限空间中是不停运转还是静止不动，都让位于这个令人欣欣雀跃的多层次天体系统概念。上帝的这一创造令人无比满意，单单其运动便能给予我们教诲和启迪。我们看到我们的地球土地饶沃、物产丰足，然而却忘了想想，这份饶沃丰足有多少该归功于广阔无垠的宇宙展现在我们面前的科学知识。

第十六章　论天体系统之于基督教教义

　　然而，我们在思考多层次天体系统的过程中，对于前文所描述的、建立在其大小不超过 2.5 万英里的单一球体观念之上的基督教信仰，我们又该如何评判。在这么大的星球上，倘若人以每小时 3 英里（4.8 千米/小时）的速度每天步行 12 小时沿地表绕行一圈，不到两年时间便可大功告成。啊呀！在非凡绝伦的宇宙海洋面前、在造物主的无上全能面前，这算得上什么呢！

　　他们又是从哪里冒出来一厢情愿的奇怪妄想，认为身负着成百上千万个彼此平等天体的生死存亡之责的全能上帝，弃其他众星球不顾，而独独来到我们的世界受死，就因为——如他们所说的——有一男一女偷吃了个苹果！如此说来，我们是否还应该设想，这无边宇宙中的所有星球上都有夏娃、苹果和耶稣基督？如此说来，那个被大逆不道地称为"圣子"，有时又被称为"上帝本尊"的人，除了在各个星球之间辗转腾挪，并无别的事情可做；他一次次死去，几乎是昙花一现的生命经历着循环往复、永无止境的死亡。

正是由于人们对上帝所创造的万物或上帝之言中显现的证据视而不见，拒绝用人类的理性对待这些证据，这世上才胡乱生出如此众多异想天开、荒诞离奇的信仰和宗教来。虽然其中有不少根本算不得道德败坏的宗教，或许还在很多方面具有积极的道德意义，但只有一种宗教是真正的宗教。这种宗教在一切方面与我们在上帝的杰作之中看到的、永远存在的上帝之言都必然、必须且永远保持一致。然而基督教信仰体系怪就怪在这里：宇宙万物呈现给人类的一切明证，要么直接与之针锋相对，要么使它显得荒唐可笑。

我们有可能会相信的一件事，也是我奉劝自己要相信它时总能感到宽慰的一件事是：世上有些人会说服自己，这场假借敬奉上帝之名的骗局，或许至少在某些特定情形下会结出一些善果来。然而这种骗局一旦设立，此后便无从辩解，因为一场宗教骗局与一桩恶行一样，一旦开始必然后患无穷。

基督教的第一批传教士们在其宣扬的教义中或多或少都掺杂了耶稣基督所奉行的道德训诫，他们或许会劝自己相信，这一套宗教信仰比当时盛行的异教神话要好一些。这场骗局从第一批传教士延续到第二批，再到第三批；直到当初宗教骗局的真面目渐渐模糊不清，取而代之的是有人对它信以为真；然后再到对它满怀兴趣、以传教谋生的人们那里，这些人再将它发扬光大。

在没有宗教信仰的人们眼里，以如此方式推广开来的这样一种信仰，简直算得上平凡无奇。然而，倘若基督教不曾保留那些可以用于证明它原来只是一场阴谋诡计——打着敬奉上帝的名号去招摇撞骗——的记录或传说；或者未曾预见到，在宇宙结构呈现给世人的明证面前，它将无以为继；那么对于教会几百年来始终不遗余力地反对科学和迫害崇尚科学之人的这种行径，我们几乎无法找到合理的解释。

第十七章 论长久以来教会普遍使用的欺人手段

前文我已经阐明，宇宙中真正的上帝之言与随便什么人都能粗制滥造出来供人拜读的所谓"上帝之言"，二者之间存在着不可调和的各种矛盾。接下来，我将探讨教会从古至今或许在全世界范围内普遍用来蒙骗世人的最重要的三种手段。

这三种手段就是神迹、奇迹和预言。前两者不容于真正的宗教；而对后者，我们应该始终抱持怀疑的态度。

关于"神迹"，从某种意义上来说，我们所见的一切对我们而言都是神迹。我们自身的存在是一种神迹；整个植物界是一种神迹。我们无法解释，一颗橡子埋进土里之后，何以会自我成长为一棵橡树。我们不知道，我们播下的那颗种子何以会自我舒展壮大，并且原本如此渺小的事物，竟会带给我们如此丰厚的回报。

然而，事实真相与事物发展的过程是截然不同的两回事。前者不是神迹，因为我们看得见、能理解，而且我们也知道该使用什么手段：无非就是把种子播在地里。因此，我们所知道的，差不多就是我们有必要了解的全部。但是，其中的发展过程是我们所不知道的部分；就算知道，我们也无法执行——造物主亲力亲为替我们执行了。因此，比起让我们深入这秘密之中、任由我们摸爬滚打，我们现在的处境要好得多。

在这个意义上，任何被创造之物都是一种神迹。然而，即便如此，"神迹"这个词却不能用于道德方面的事实真相，就好比"晦暗不明"不能用来形容"光明"一样。我们所信奉的上帝，是道德真理的上帝，不是专事神迹或晦暗不明的上帝。神迹是真理的敌人。它是人类发明的烟雾弹，使真理变得模糊不清，是对真理的歪曲。真理从不将自己掩藏在"神迹"之中，内中包藏着真理的"神迹"从来都是真理的敌人所干的勾当，而非真理本身所为。

因此，宗教作为对唯一上帝的信仰和道德真理的实践行动，不能和神迹产生关联。对唯一上帝的信仰，非但没有掺杂任何神迹的成分，也是所有信仰中最简单易行的，因为如我前文所言，它是必然显现于我们面前的信仰。对道德真理的践行，换言之，在实际生活中对上帝至善道德的效仿，其实就是我们效仿上帝以仁爱之心对待宇宙万物的做法，彼此仁爱。有些异教之神离不开人类的侍奉，但我们不能以同样的方式侍奉上帝；因此，我们能想到的侍奉上帝的唯一方式就是，为上帝所创造的一切生灵之福祉贡献一己之力。把自己从凡俗世界抽离、在只顾独善其身的宗教虔诚中当一个离群索居的遁世隐者，是无法做到这一点的。

宗教真正的本质与意图——且容我如此表述——实际上毋庸置疑地显示出它必定不含有任何神迹，并且不牵涉任何神秘玄奥的事物。宗教被视为一种义务，是人们对上帝应有的虔诚，我们每一个人都责无旁贷，因此它必不能艰深晦涩，而应该能为全人类所理解和领会。人类对宗教的学习，不同于谋生秘诀和手艺的学习。我们在深思和自省中领悟宗教之理。一个人对他自己所见，或碰巧听闻，或读到的事物进行独立思考，然后生出领悟来，再知行合一、亲身践行。

当人们因为强制性政策或者宗教骗局之故建立起与宇宙万物中显现的上帝之言格格不入、不仅超出人类理解而且令人心生嫌恶的宗教体系时，他们就有必要编造或采取一套用以堵住所有质疑、问询和推断之声的说辞。"神迹"这个词正好用来实现这一目的，如此一来，原本不含任何神迹的宗教，被生生败坏成了充斥着各种"神迹"的一团迷雾。

在"神迹"足以解决所有棘手问题的同时，"奇迹"紧随其后，充当着偶尔现身的后备之军。前者使人头脑发昏，后者用来扰乱人的理智。前者是玄之又玄的胡话，后者是迷人耳目的花招。

不过在深入探讨这一话题之前，比较恰当的做法是，先搞清楚奇迹意味着什么。

一切事物在某种意义上都是神迹，我们同样也可以说，一切事物都是奇迹，并且不分高低优劣。大象虽然体型壮硕，却不比螨虫更伟大；同样，奇峰险峻也不是比原子更伟大的奇迹。对上帝的全能力量来说，创造前者的难度并不高于后者，创造一百万个星球也不比创造一个更难。因此，从这个意义上而言，一切事物都是奇迹。但是在另一方面，世上并不存在所谓的奇迹。与我们所拥有的力量和理解力相比，它是奇迹；但是与造物主的力量相比，它就不是奇迹。不过，此番表述并未论及与奇迹一词有关的任何概念，所以我们有必要再深入剖析。

人类自行构想出了某些关于事物发展的规律，他们口中的"自然"被认为是按照这些规律运行；而奇迹，就是与这些规律发挥作用的方式和实际产生的效果截然相反的事物。然而，除非人类掌握了这些规律的全貌、洞悉了通常被称为"自然力量"的全部内容，否则我们无法判定那些在我们看来不可思议或奇迹般的事物是否未曾超出、抑或已然超越还是有悖于大自然行动的力量。

倘若我们不知道可以生成一种相同体积下比普通空气轻许多倍但却具有足够弹性的气体，在外部空气阻力和浮力的挤压下，这种弹性能使它让气球鼓胀至数倍之大，那么人升空高达几英里这种事就具备奇迹之说的所有特点。同理，倘若我们对电与磁不甚了解，那么从人体引出火花或火星，就像打火石猛然砸向钢铁时火星四溅那般，同样可能让人误以为是奇迹。还有许多属于自然哲学领域的其他实验，那些对此所知甚少的人们会统统视为奇迹。人在真正死亡之前可能出现生命迹象暂时消失的事实倘若不为人所知，那么对溺水后表面看起来没有生命迹象的人实行急救令他死而复生，同样也是一种奇迹。

除此之外，还有心灵手巧之人和多人齐心协力下造就的、各种表面看来不可思议的奇炫之举，一旦我们知悉个中诀窍，就都不足为奇。不仅如此，世上还有一些在技巧上和视觉上骗人耳目的把戏。现如今巴黎就有一场幽灵展，虽然举办方并未把它当成事实来欺骗众位看客，那场面却是相当令人惊骇。因此，我们既不知道自然覆盖范围有多广，也不了解江湖术士的能耐有多大，就不存在任何判定奇迹真伪的标准了；而相信自己所见事物的表面之象、误以为那些就是奇迹的人类，则容易屡屡上当受骗。

从此，各种表面之象变得极具欺骗性，虚假的事物与真实的事物之间真假难辨。最不合逻辑的，莫过于认为全能的上帝会以所谓的奇迹作为手段；而这样的手段却容易让我们怀疑使用者是个骗子，怀疑讲述之人在说谎，怀疑用它来支撑的宗教教义是杜撰的神话传说。

打着宗教名号的信仰体系或者思想观念需要获取老百姓的信任，在被人编造出来用以达到这一目的的所有证据中，那些用来证明奇迹存在的证据，不管其骗术有多成功，都是最不合逻辑的。因为首先，为了兜售那种信仰，任何不得不诉诸虚饰作秀（奇迹这个词从任何方面来讲都是一种作秀）的时刻，都意味着被宣扬的教义本身存在某种漏洞或薄弱之处。其次，这是将全能的上帝侮蔑为一个玩杂耍的角色，故弄玄虚、哗众取宠，让人们看得目瞪口呆。这也是人为捏造的证据中最模棱两可的一种，因为人们相信与否不取决于人们所说的奇迹本身，而在于人们对那个自称亲眼见证奇迹的讲述者怀有怎样的信任；所以，某件事是真也好、是假也罢，人们选择相信其真实性的概率其实并无差别。

倘若我说，在我端坐桌前准备撰写拙作之初，有一只手出现在我面前，执笔写下这里的每一个字，会有人相信我么？当然不会。倘若此事当真发生过，他们对我的信任就会多一点么？当然也不会。如此看来，既然真的奇迹——倘若确有其事——与谎言易于落得同样的下场，那么倘若有人认为，万能的上帝会利用这种即便千真万确也丝毫无益于实现既定目的的手段，这根本就是一种更加不合逻辑的看法。

倘若我们认为，奇迹是某种完全偏离所谓"大自然"正常运行轨道的事物，它必须出离这条轨道才能称其为奇迹，然后某个自称亲眼见证过奇迹的人出来告诉我们此事的来龙去脉，这会极易让人产生这样一个疑问：大自然偏离正轨和此人满口谎言，哪种事情发生的可能性更大？在我们生活的这个时代，人们从未见过大自然偏离正轨；然而我们却有足够的理由相信，这世上存在成千上百万条谎言。因此，那个自称亲眼见证过奇迹的讲述者，至少有一百万比一的可能性是撒了谎的。

《圣经》中有一则大鱼吞了约拿的故事，然而即便大鱼体型够大，做得来这种事，它还是几乎令人难以置信。不过，若是换了约拿吞大鱼，那就更接近于奇迹的概念了。在这个或许可以作为所有奇迹典型代表的例子中，事情本身就能显出端倪来，即如前文所言，哪件事情发生的可能性更高：是人吞了大鱼，还是人撒了谎？

假设约拿真的吞了大鱼，并把大鱼装在腹中一道去了尼尼微大城，为了让人们相信此事真的发生过而在众目睽睽之下把一条完好无损、体型壮硕的大鱼吐出来。然而如此一来，那些亲眼目睹此事的人会相信他是先知而不会认为他是魔鬼么？又或者，大鱼把约拿带到了尼尼微大城，同样在大庭广众之下把他吐在旱地上，难道人们不会认为这大鱼是魔鬼，约拿是他手下的一名小魔鬼么？

在所有被称为奇迹的事件中，最非同寻常的要数《新约全书》中提到的：魔鬼把耶稣基督带上了一座最高的山，叫他站在殿顶上，将世上的万国与万国的荣华都指给他看。怪就怪在，他怎么没能发现美洲大陆呢？又或者，这位黑不溜秋的魔鬼之王只是对大大小小的王国感兴趣？

我对耶稣基督这位道德高尚的人物怀有极高的敬意，因而无法相信他本人会讲述这则大鱼奇迹的故事。要想弄清楚究竟是出于何种目的有人编造了这个故事，这并非易事，除非拿它来欺骗对奇迹情有独钟的人，就像类似的骗术有时候被用来蒙骗那些醉心于收藏安妮女王钱币和古董文物的人们那样；又或者，这是通过讲述一件比奇迹更夸张荒诞的事，使人们对奇迹所抱持的信念显得荒唐可笑，就像堂吉诃德的骑士精神那样；又或者，是通过在创造所谓奇迹的力量来源方面闪烁其词——是上帝还是魔鬼——令人生疑而使得人们对奇迹所抱持的信念变得不尴不尬。不论如何，这都需要人们对魔鬼怀有很坚定的信仰才会相信这桩奇迹。

　　不管从哪种角度看待人们所说的奇迹，它们在现实生活中都是不可能存在的，它们也没有存在的必要。正如前文所分析的，即便是真实事件，它们也不能用于实现任何目的；因为比起没有奇迹作支撑但显然合乎道德标准的信念，难度更大的是，让人们相信有某种奇迹存在。道德原则普天之下人所共知，而奇迹只是某时发生且只有少数人见得到的孤立事件；在这之后，它就要求人们把对上帝的信仰转移至对人的信任，以便凭借某个人的一面之词相信奇迹的存在。因此，对奇迹所做的那些事实陈述，非但不能作为任何宗教体系借以表明其真实性的证据，反而应当被视为一种外在表现，它意味着奇迹如同神话传说那般玄虚离奇。纯粹无瑕、合乎正道的真理必然会拒斥这种支撑。把真理所拒斥的事物拿来充当帮手，则是神话传说的一贯作风。关于神迹与奇迹，暂且言及于此。

神迹和奇迹掌管的是过去与现在，预言则掌管的是将来，如此便圆满了这套信仰。知道从前做过什么还不够，还要知道未来有什么作为。被视作先知的那些人同样被视为未来时代的历史学家；倘若他用一把跨越千年的长弓碰巧射中了千里之远的靶心，他那七窍玲珑的子孙后代们便会坦言直陈、大书特书；倘若结果大谬不然，那人们只会认为上帝转意后悔了，就像在约拿和尼尼微大城一事中表现的那样。这神话传说式的宗教信仰竟是这般愚弄世人！

拙作前文已经表明，"先知"（prophet）和"受感说话"（prophesying）这两个词的原初意义如今已有所改变，我们现在通常所理解的"先知"，其义项是现代世界发明的产物；正是因为词义发生变化，古时犹太诗人们写下的、如今由于我们不熟悉这些词句彼时所处的具体语境而变得艰深晦涩的奇谲隐晦之语已经摇身一变成了预言，并任由各宗派分子和注经人士在肆意妄为和反复无常的怪念异想之下，添补各种阐释说明。所有不可理解之事都是预言，所有无足轻重之事都是预示。一次重大失言可以充当预言，一个小小口误可以充当预示。

倘若我们认为先知就是全能的上帝把未来即将发生之事

告诉给他/她的某个人，那么有两种可能：世上存在或者不存在这样一些人。若是存在，则我们正常合理的做法就是：相信上帝告诉他们的事将会以一种可被人理解的方式告知我们，而不是以一种含糊艰涩的方式讲述出来，乃至那些听者百思不得其解，也不会如此模棱两可乃至几乎适用此后可能遇到的任何境况。这种认为上帝会将人类玩弄于股掌之上的想法，是对万能的上帝极大的不敬；然而，名为《圣经》的那本著作中所有关乎预言的内容，都采用了这样一种讲述方式。

然则预言所处的境遇与奇迹别无二致。即便本身是真实的，它也无益于实现任何目的。那些可能会成为预言告知对象的人们，他们无从分辨对方是在预言还是说谎，此人得了圣灵的启示还是纯属他个人幻想。倘若在无数日常大小事件之中，他所预言或假装预言的事情会如实发生，或与之类似的事件发生，同样没有人知道他是在预测还是猜测，又或者纯属歪打正着。因此，先知是一种无用且没有必要存在的角色；在这种情况下，人们的保险之策是对诸如此类的说法不予置信，以免上当受骗。

总而言之，神迹、奇迹和预言是神话传说的附属产物而不属于真正的宗教。它们是一种手段，被用来在世界各地传播欺世惑众之说，把宗教变成实现个人名利的行为。一人得逞，他人便步其后尘，然后做点善事使自己免于因为借敬神之名欺瞒世人而产生懊悔自责。

扼要重述

至此，我已经超出预期而较为详尽地剖析了所要探讨的问题，以下将简要概述前文内容作为结语。

首先，认为上帝之言存在于印刷本、手写本或人言之中的这种想法或信念，其本身是不合逻辑的，原因前文已有详细论述。这些原因包括全世界通用语言的缺乏、语言的易变性、翻译中容易出现的各种错误、全面压制这种言论的可能性以及对其妄加篡改或通篇编造并以之蒙骗世人的可能性。

其次，我们所见的宇宙万物是真正的、恒久存在的上帝之言，我们在此不会受到任何蒙蔽。它体现了上帝的力量，它昭示了上帝的智慧，它彰显了上帝的良善和慈爱。

再次，人类所肩负的道德义务，在于效仿上帝在宇宙万物中对所有生灵彰显的美德和慈爱。我们每日以上帝之良善对待所有人，视之为范例，号召所有人都以此方式彼此相待。由此，人与人之间的一切迫害和复仇、人对其他活物的残忍行径都是对道德义务的违背。

我不会劳神去关心自己将来会以何种方式存在。我满足于相信，甚至是对此怀有一种积极乐观的信念，相信赐予我生命的力量能够使其继续存在，以上帝乐意的任何形式，无论有无肉身。来世我是继续存在，还是自认为本该存在实则不复存在，在我看来，前者更有可能发生。

毋庸置疑的是，地球上所有国家和宗教都有一个共同的认识。所有人都信奉唯一的上帝，分歧之处在于附加在这一信仰之上的各种多余信息。因此，倘若真有某种放之四海皆准的宗教信仰盛行于世，那它不会是一种对任何新奇事物都抱持信任的宗教，而需剔除冗杂的教义，就像人类最初怀揣的信仰①。亚当，倘若真有这号人物存在，那他是被塑造成了一位自然神论者；不过话又说回来，让每个人自由追随他所选择的宗教和教派吧，因为他有权利这么做。

---

① 据法文首译本，此处为"像人类最开始'在世界发端之初'那样怀揣信仰"。末句严格直译为：倘若亚当不是一位虚构出来的人物，那么，自然神论就是他的宗教。不过，任何人都应该拥有追随其所选择的宗教和教派的自由，因为这是人应有的权利。——原书编者

第二部

前言

我在《理性时代》第一部中提到过，公开发表关于宗教的见解是我多年夙愿；不过我原本打算留待年岁更长之时再动笔，作为我的封笔之作。然而，1793年年底法国的情况使我决定不再耽搁。自然科学最初散播的、大革命秉持的公正仁爱之原则已经遭到背离。素来对社会具有危险性、正如它有损全能上帝无上权威的那个观念——即牧师能赦罪——虽然似乎已经寿终正寝，但它麻痹了人们的仁慈之心，无情地把人变成随时会作奸犯科的恶棍。教会迫害的不容异己之风已经自我转变成了政治把戏；革命法庭塑造了大革命，代替了宗教裁判所，断头台代替了火刑柱。我眼看着最亲密的朋友们惨遭杀害，天天有人被捕入狱；我有理由相信，并且已经有人私底下告诉我，同样的危险也在慢慢向我逼近。

面临这些不利条件，我开始撰写《理性时代》第一部：我手头既没有《圣经》，也没有《圣约书》可供参考①，虽然

---

① 读者须谨记的是，潘恩在书中通常以《圣经》指代《旧约全书》，以《圣约书》指代《新约全书》。——原书编者

此二者是我的批判对象，我无法获取其中任何一本；尽管我蒙上帝赐福并在参考大量教会书籍前提下，完成了一部任何将《圣经》奉若金科玉律之人都无从反驳的作品。那一年十二月将尽之时，一项旨在驱逐异邦人员的法令由国民公会颁布执行。其实异邦人只有两位：安纳卡西斯·科鲁兹和我。而且我注意到，本人在莱昂纳尔·布尔东关于此项法令的演讲中被着重点名提及。

自此之后，考虑到留给我的自由时日屈指可数，我便坐下来尽快完成撰述；我自始至终处于那样一种状态，直至完成拙作，充其量不过是六个小时之后——凌晨三点左右卫兵就来了，手执由公共安全委员会与一般安全委员会共同签署的逮捕令，要将我投入监狱。途中我设法联络上乔·巴洛，把我的手稿交予他保管，这比由我自己带着入狱更安全。这部作品连同其作者在法国的命运将会如何，我都无法预知，因而将手稿托付予美国公民，望其得护周全。

前来执行逮捕令的卫兵和为一般安全委员会服务而随行前来审查我所撰写论文内容的翻译官不仅对我以礼相待，而且对我尊重有加，我认为这是正直之举。卢森堡监狱的看守本诺伊特是一个好心人，在权力允许范围之内尽可能友善地对待我；他身在其位时，他的所有家人同样如此待我。后来他因为遭人恶意指控被解除职务，被逮捕后押至革命法庭受审，之后被无罪释放。

我在卢森堡被拘大约三周后，当时身在巴黎的美国人集体前往国民公会，要求他们视我为美国人的同胞和友人而将我无罪释放；然而，国民公会主席，同时也是一般安全委员会主席，此前签署逮捕令将我收押入监的马克·纪尧姆·阿尔贝·瓦迪埃对这一要求的答复却是，我的出生地乃是英格兰。[①]此后，我便听不到这监牢高墙之外的任何消息，直到热月九日——即1794年7月27日——罗伯斯庇尔倒台。

在此事发生两个月之前，我得了一场热病。这场病来势凶猛，几乎要了我这条命，时至今日仍不曾完全康复。正是那时，我为自己写完了《理性时代》第一部而再次感到欣慰，并真切地为自己拍手庆贺。彼时我几乎没有活下来的希望，旁人更觉得渺茫。因此，我凭经验得知，我本人所秉持的那些原则接受了现实严峻的考验。

我被关在卢森堡时，有三位同室狱友：布鲁日[②]的约瑟夫·凡内勒、查尔斯·巴茨菲尼和鲁汶[③]的迈克尔·罗宾斯。这三位朋友日日夜夜、无时无刻不在为我挂怀忧心，对

---

① 这些群情激奋的美国人似乎未曾理解或留意瓦迪埃回复中最重要的字眼，即他们的这一请求是"非官方的"，意即，并非经由或得到美国驻巴黎公使古弗尼尔·莫里斯的许可。关于此间详细历史，可参阅《潘恩著述集》第三卷。——原书编者
② 布鲁日：比利时西北部城市，西弗兰德省省会。——译者
③ 鲁汶：比利时布鲁塞尔以东约二十五公里的一座城市，法兰德斯-布拉班省省会。——译者

此我铭感五内，每每想起总觉得心中无限宽慰。当时恰好有一位内科医生（格雷厄姆医生）、一位外科医生（邦德先生）以及奥哈拉准将①的部分随从都在卢森堡。他们是英国政府的臣民，对他们表示感谢可能并不合时宜；然而倘若我不曾这么做，我会责怪自己；此外我也对卢森堡的马可斯基医生表示了感谢。

因为找不出任何别的由头，我便有理由相信，这场病实则救了我的性命。在罗伯斯庇尔遭到审查并由代表委员会向国民公会汇报的那些文章中，有一份他亲笔所写的批示，内容如下：

"为了美国与法兰西两国之利益，要求控告托马斯·潘恩。"

至于他这一计划为何不曾执行，我不知道，也无从得知；我将其归结为由于我重病在身导致无法执行。

为了在其权力范围内尽可能补偿我所遭受的不公正待遇，国民公会全体一致公开邀请我回归。我接受了这一邀请，以此表明我虽然受到伤害，却不至于让这种伤害损毁我所坚守的原则和我本人的性情。不能因为正确的原则遭到违

---

① 1781年弗吉尼亚州约克敦围城战役结束后，此人代表称病的英军将领康沃利斯侯爵，带着后者象征军队荣誉的佩剑前去出席受降典礼。有意思的是，他将宝剑交给了美法联军的法国将领罗尚博伯爵，而非美方大陆军总司令乔治·华盛顿将军。潘恩在他（奥哈拉）离开监狱时借与其三百英镑，这笔钱他此前藏在牢门的锁眼之内。——原书编者

背，我们就弃之如敝屣。

重获自由之后，我看到有几部论著对《理性时代》第一部做出回应，并已经公开发表，出版地有些在美国，有些在英格兰。倘若这些作者能从中得到某些乐趣，那么我就不应当扰了人家这份雅兴。他们可以反驳作品本身，也可以反驳我，随他们乐意。他们此举对我提供的助益比他们自己原本预想的还要多。他们要继续写下去，我也不会有任何反对意见。不过，他们会发现，这第二部并非为回应他们而写，因此他们又得重振旗鼓，重新编结他们的蜘蛛网。前头那些东西已在无意中被扫入了故纸堆。

如今他们会发现，我给自己配备了《圣经》和《圣约书》各一部，并且我还可以这么说：我发现它们比我此前设想的还要糟糕得多。倘若我在《理性时代》第一部中犯过任何错误，那就是，书中某些内容实际上比我所说的还要更加低劣。

我注意到，所有反对我的人或多或少都诉诸他们所说的《圣经》证据和《圣经》权威作为应对之策。他们在这个问题上简直一无所知，竟将对于事物真实性的争议与对于教义信条的争议混为一谈。不过，倘若他们有意撰文再议，我将以身示范纠正这种错误的做法，由此他们便知该如何开始。

托马斯·潘恩，1795 年 10 月

第一章　论《旧约全书》

常有人云，一切事物都可以在《圣经》中得到证实。但在任何事物经由《圣经》证实、被人们确认接受之前，《圣经》本身应该被证明是真实可信的；因为倘若《圣经》本身有假，抑或它所认定的事实存有可疑之处，那么它便不具有权威性，也不能被认作是可以证实一切的试金石。

把《圣经》作为真理的宝库和"上帝之言"强加给全世界人民，这是所有基督教注经人士、基督教牧师和传教士们一直奉行的做法。他们在解释经文中某些语义含糊的特定词句和段落时各执己见，彼此争论不休，极尽咒逐之事。一个说某段该作某解，另一个又持完全相反的意见，第三人则说既非此、亦非彼，其意与两者皆有不同。而这，他们美其名曰"理解《圣经》"。

事实上，我看到的对《理性时代》第一部的所有回应，都是出自牧师之手。这些虔诚的人，和他们的前辈一样，争辩不休，然后完成对《圣经》的理解。每个人的理解各不相同，但任何一种理解都是上佳之解。他们达成的唯一共识是，告诉他们的读者，托马斯·潘恩没有正确理解《圣经》。

而今比起浪费光阴、为摘自《圣经》的某些教义性观点气急败坏地争得面红耳赤，这些人应该知道——倘若他们不知道，我们出于礼貌就出言提醒吧——我们首先应该解决的问题是：有足够的凭据让我们相信《圣经》就是上帝之言吗？又或者没有？

在那部著作集中，有一些据说是受到上帝的明确指令而写成的；然而在我们的仁爱之心面前、在我们对于正义所抱持的任何理解面前，它们所记述的那些事情其骇人听闻的残暴程度丝毫不逊于罗伯斯庇尔、让·巴蒂斯特·卡里耶、约瑟夫·勒·邦在法国的暴行，英国政府在东印度群岛的罪恶以及现代社会任何杀人夺命之事。在被认为是摩西或约书亚所写的书卷中，我们读到：他们（以色列人）偷袭列国之民，后者对前者并无半点冒犯（如历史所载）；他们把这些人灭绝净尽；吃奶的、白发的，尽都灭绝；他们击杀所有男女婴童；所到之处，无一人生还。这样的叙述在那些书卷中俯拾皆是，其凶残狠毒令人发指。我们肯定这些都是事实？我们肯定这是人类的造物主下令做的那些事？我们肯定告知我们此类事情的那些书籍是上帝自撰之作？

故事本身的斑斑古迹昭示着它年代久远，但这并不能作为证据来印证它的真实性；恰恰相反，年代久远是它有如神话传说般离奇虚幻的外在表现；因为，任何历史越是假装古老，它与神话传说的相似度就越大。每一个民族的起源都深埋在神话传统之中，我们同样可以认为，犹太人并非例外。

从事情的本质以及道德正义的任何方面来看，以色列人的所作所为与所有杀人夺命之事一样，尤以杀婴为甚，都属于犯罪行为，而把下达命令之责归咎于全能的上帝，这是个需要我们严肃对待的问题。《圣经》告诉我们，那些灭绝净尽之事都是受到了上帝清晰无误的指令。因此，为了相信《圣经》是真实的，我们就必须否定我们对上帝所秉持的道德正义的信仰；毕竟，啼哭着或咯咯笑着的婴儿又在何处触犯了何人呢？为了在阅读《圣经》时丝毫不觉得惊恐，我们必须掐灭人心之中一切温柔、怜悯和仁爱之情。就我自身而言，倘若我没有别的证据可以证明《圣经》是虚构的传说，而只有这种为了相信它真实可信而必须做出的莫大牺牲，那么仅仅如此，也足以让我确定应该做出怎样的选择。

不过，除了所有这些驳斥《圣经》道德层面的证据之外，我将在分析过程中逐一列举相关的有力证据，这些证据即便是精通《圣经》的神职人员都无从否认。我将通过这些证据表明：《圣经》没有资格让人相信它就是上帝之言。

但是在我着手分析之前，我要阐明的是，从能用来确立著作真实性的必要证据的本质来看，《圣经》不同于所有其他古籍。我这么做是有必要的，也是更为恰当的，因为《圣经》拥护者们在其对《理性时代》所做的回应中信誓旦旦地保证，《圣经》的真实性是确定无疑的，与其他任何古籍一样：这种话听起来，就好像我们相信了后者，就必须依样葫芦相信前者一样。

话虽如此，我知道的是，只有一部古籍具有相当专业的知识权威，它对人们普遍的认识和信仰提出质疑，那就是欧几里得①的《几何原本》；其依据是，这是一部不证自明的著作，完全独立于作者，独立于与时代、地点和环境有关的一切事物。即便作者另有其人，或者作者匿名未知，又或者作者从来不为世人所知，书中论述的内容依然具有与今日一样的权威性，因为作者身份的确定与否根本不会影响我们对书中内容的判断和意见。然而，被认为是摩西、约书亚、撒母耳等所写的书卷则与此迥然不同：这些书卷是见证之言，他们为那些常人看来难以置信的事情提供证词。因此，我们关于这些书卷真实性的全部信念，首先便建立在它们是由摩西、约书亚和撒母耳所撰写的确定性之上；其次建立在我们对这些证词所给予的信任之上。我们或许会相信第一点，即我们可能相信作者确为其人，但对证词却不予采信；同样

---

① 据编年史记载，欧几里得生活在基督诞生三百多年以前，比阿基米德早约一百年。他生前活跃在埃及的亚历山大城。

地，我们或许会相信某人为某宗案件提供了证据，但不采信他所给的证据。倘若被人们发现，原来被认为是由摩西、约书亚和撒母耳所写的书卷，实际上并非出自摩西、约书亚和撒母耳之手，那么这些书卷原本具有的一切权威性和真实性都将不复存在，因为诸如伪造或编造的证词根本不具有存在的正当性；也不存在匿名证词，对正常看来不可思议的事情而言尤其如此，譬如人与上帝面对面相谈①，譬如太阳和月亮在人的命令之下停留不动②，诸如此类。

其他古籍绝大部分当属天才之作，其中包括被认为是荷马、柏拉图、亚里士多德、狄摩西尼、西塞罗等人的著述。这些作者姓甚名谁，这在我们对其中任何一部作品所给予的评价中同样并不是必不可少，因为即便是匿名的，作为天才之作，它们依然会享有与今日一样的赞誉。没有人会相信荷马笔下的特洛伊故事是真人真事，因为受人敬仰的只是这位诗人，即便故事是虚构的，诗人的功绩依然长存。然而，倘若我们像不相信荷马所讲述的故事属于真实历史那样，不相

---

① 如《出埃及记》33：11：耶和华与摩西面对面说话，好像人与朋友说话一般。摩西转回营里去，惟有他的帮手，一个少年人嫩的儿子约书亚，不离开会幕。——译者
② 如《约书亚记》10：12：当耶和华将亚摩利人交付以色列人的日子，约书亚就祷告耶和华，在以色列人眼前说："日头啊，你要停在基遍；月亮啊，你要止在亚雅仑谷。"10：13：于是日头停留，月亮止住，直等国民向敌人报仇。这事岂不是写在雅煞耳书上吗？日头在天当中停住，不急速下落，约有一日之久。——译者

信《圣经》的作者们（如摩西）所撰述的内容，那么我们对摩西的尊崇也随之荡然无存，转而会认为他是骗子。至于古代的历史学家们，从希罗多德到塔西佗，只要他们讲述的历史具有一定的可信度，我们便会予以相应程度的认可，而不会盲从：因为若非如此，我们就必须相信塔西佗笔下罗马皇帝韦斯帕西恩所创造的两项奇迹——治好了一个瘸子和一个瞎子，这就和为耶稣基督撰文的那些历史学家们所说的如出一辙[1]。我们还必须相信犹太历史学家约瑟夫斯所引述的，庞非利亚的海水自动分开让亚历山大带领他的军队从海中干地通过这则故事，它与《出埃及记》中耶和华把红海之水分开让摩西带领的以色列人通过的故事雷同。这些奇迹已经被力证为真实发生过的事，与《圣经》奇迹一样，然而我们并不信以为真；结果，用于使我们相信那些正常看来不可置信的事情——不论在《圣经》还是在别的著作中——确有发生的必要证据，其必须具有的充分程度要远远高于使我们相信正常可能之事所需的证据；因此，《圣经》的拥护者们不能因为我们相信其他古籍中所述之事而要求我们同样相信《圣经》，因为我们只根据那些著作中事件的可信程度而给予与之相匹配的认可度；或者因为他们的著作具有不证自明性，如欧几里得；或者我们欣赏其典雅之美，如荷马；或者

---

[1] 《马太福音》15：30：有许多人到他那里，带着瘸子、瞎子、哑巴、有残疾的和好些别的病人，都放在他脚前，他就治好了他们。——译者

我们赞赏其庄严沉静或审慎明辨，前者如柏拉图，后者如亚里士多德。

以此为前提，下文我将继续探讨《圣经》的真实性问题。首先要讨论的，是被称为"摩西五经"的《创世记》《出埃及记》《利未记》《民数记》和《申命记》。我意在表明这些书卷是伪造之作，摩西并非其作者；更有甚者，它们并非成书于摩西生活的年代，而是其身故几百年之后；它们不过是试图记述摩西的生平，记述据说是他所生活的时代以及在此之前的时代，真正执笔的是某些愚昧且愚蠢的冒牌货，他们于摩西过世几百年之后写成。这种做法就像如今人们也在几百或几千年之后记述曾经真实发生或被认为曾经发生的历史事件一样。

我将呈现的相关证据乃摘自这些书卷本身，而且我将仅限于这些证据。倘若我在任何一位被《圣经》拥护者们称为"世俗作家"的古代贤哲那里寻找证据，那他们就会否认这种权威性，如我不承认他们的权威性一样。因此，我将在他们自己的阵地上与其对峙，用他们自己的武器——《圣经》——与之一决高下。

首先，不存在表明摩西就是这些书卷作者的肯定性证据："他就是书卷作者"的这种观念完全没有任何根据，也没有人知道它是如何流传开去的。这些书卷的写作风格和方式，不存在任何让人相信，甚至只是设想它们由摩西写成的理由，因为这完全是另一个人论及摩西时的风格和方式。在《出埃及记》《利未记》和《民数记》中（因为《创世记》中的一切都发生在摩西时代之前，并且丝毫没有提到他），我要说的是，所有这几卷全都采用了第三人称。文中自始至终都是这种措辞：耶和华对摩西说，或者摩西对耶和华说，或者摩西对百姓说，或者百姓对摩西说。这是历史学家在论及他们所撰述的人物生活和行为时所采用的风格和方式。或许有人说，人们在谈论自己时也可能采用第三人称，因此我们或许可以暂且认为摩西就是这么做的；然而，猜测并不能证明任何事情。倘若有人提倡"是由摩西本人撰写了这些书卷"这种说法，但是除了猜测之外并没有更好的进展，那他们最好还是保持缄默。

即便我们退一步，假设文法不是问题，即摩西以第三人称的方式谈论他自己，因为任何人都可以用这种方式谈论自己，但是我们在对这种说法予以承认的同时，却不会看不到如此表述会使得摩西显得相当荒唐可笑。例如，《民数记》12：3："摩西为人极其谦和，胜过世上的众人。"倘若摩西这么评价自己，那么他就是最自命不凡、狂妄至极的蠢人，而非世上最谦和之人。这些书卷的拥护者们现在可以选择他们中意的立场了，因为左右都对他们不利：倘若摩西不是作者，那么这些书卷就毫无权威可言；倘若他是作者，那么作者本人并无信誉，因为吹嘘自己谦和，恰恰是不谦和的表现，在情感上欺瞒世人。

较之其他书卷，《申命记》在写作风格和方式方面能更显著地表明：摩西并非其作者。此处运用的方式是戏剧式的；作者以一段简要介绍作为开篇，其后便引入摩西晓谕部分，在让摩西完成他的长篇大论之后，他（作者）重拾自己的角色，直到再次让摩西亮相，最后以叙述摩西之死、下葬以及对摩西其人物角色的总结作为终场结束。

这种说话人轮流上场的现象在此书卷中总共发生四次：第一章第一节至第五节是作者所述部分，之后他介绍摩西开始其长篇训诫之言，至第四章第四十节结束；作者在此处暂将摩西搁置，以历史叙述的口吻回顾人们在听取了据说是摩西生前所晓谕的律例诫命之后所做的事情，作者对这些律例诫命也进行了戏剧式的复述。

作者在第五章第一节再次重拾话题，虽然只是提到摩西召集以色列人；随后同之前一样引入摩西的话，直到第二十六章终节。他在第二十七章开头故技重施，摩西训诫一直延续到第二十八章终节。第二十九章第一节全部内容以及第二节第一句再次属于作者出场之言，这是他最后一次介绍摩西亮相，其后摩西晓谕直到第三十三章终节结束。

至此，作者完成了对摩西训诫的复述，在这之后，整章都是他的叙述。作者一开始便告诉读者，摩西登上了毗斯迦山顶，他在那里看到了（据作者所言）耶和华向亚伯拉罕、以撒、雅各起誓应许之地；摩西死在了摩押地，他①将他埋葬在摩押地的谷中，到今日没有人知道他的坟墓；此处指的，便是写作《申命记》作者所生活的年代。然后作者告诉我们，摩西死的时候，年一百二十岁，眼目没有昏花、精神没有衰败。在结束语中，他说，以后以色列中再没有兴起先知像摩西的，他（即摩西）——这位匿名的作者说——是耶和华面对面所认识的。

以上从文法上分析可知，摩西并非这些书卷的作者，并且我对《申命记》中不合逻辑之处也进行了剖析。下文我将从这些书卷中包含的历史事件和年代表证据出发，进一步表明，摩西实际上并非其作者——因为不可能；如此一来，它们便不具有任何权威性让我们相信书中所记述的那些屠戮男女老少的惨绝人寰之事乃是受到上帝的指令。驳斥《圣经》对上帝的污蔑，为上帝的道德正义辩护，这是每一个自然神论者义不容辞的责任。

《申命记》的作者，不论他是何方神圣，都是个无名之辈，因为这是一部匿名之作，而且他在对摩西的叙述中有自相矛盾之嫌。

---

① 此处《钦定本圣经》原文为： And he buried him in a valley in the land of Moab。《和合本圣经》译为：耶和华将他埋葬在摩押地。原文中的"he"具体化为"耶和华"。其他译本有译为"永恒主"、"上主"或"主"，也有将其省略，整句译为：葬于摩押之谷（详参《文理本圣经》）。因本书作者将在下文专门分析此句中的人称问题，为保持文内一致性，译者暂且直译。——译者

他在告诉我们摩西登上毗斯迦山顶（没有任何记录显示他有没有下山）之后，他说，摩西死在了摩押地，他把他葬在了摩押地的谷中。然而，此处代词"他"之前没有任何限定修饰语，我们无从知晓埋葬他的"他"是何人。倘若作者意指"他"（上帝）埋葬了他，那么他（作者）又是从何得知此事的？又或者说，既然我们不知道告知我们此事的作者究竟是什么人，我们（读者）为何要相信他？毕竟摩西本人绝对没法告诉别人他葬在何处。

作者还说，到今日没有人知道他的坟墓，"今日"这个时间指的是作者所生活的年代，那他又是如何得知摩西被埋葬在摩押地的谷中的？因为从他所使用的"到今日"这种叙述口吻——意味着摩西过世很久很久以后——显而易见的是，这位作者生活在摩西身故很久以后，既然如此，那他肯定不曾出席他的葬礼；另一方面，摩西本人也根本不可能说出到今日没有人知道他的坟墓这种话来。让摩西成为发言人，这不过是把稚童玩捉迷藏大叫着"没有人找得到我"的这种把戏稍加改进而已：没有人找得到摩西。

这位作者从未告诉我们，他是如何获知那些通过摩西之口说出的训诫内容的，因此我们有理由认为，要么他是自己杜撰的，要么他是根据口述传统转录而成。二者必有其一，因为他在第五章给出一套戒律，其中的第四条戒律有别于《出埃及记》第二十章所列出的第四条戒律。在《出埃及记》中，向耶和华当守第七日为安息日的理由（据该戒律所言）是因为上帝在六日之内创造天地，第七日安息；然而《申命记》给出的理由却是：那是以色列的儿女从埃及地出来的日子，因此戒律上说，耶和华吩咐他们守安息日。后者对上帝创造万物只字不提，也未曾提及从埃及地出来一事。本卷还有很多以摩西戒律面貌出现的其他条文，这些条文在任何其他书卷中都找不到；其中有一条惨无人道：第二十一章第十八、十九、二十、二十一节①，准许双亲——父亲与母亲——让众人用乱石砸死他们自己的儿子，因为这顽梗悖逆之子不听从父母的话。然而，牧师们素来热衷大肆宣扬《申命记》，因为《申命记》鼓吹什一税；他们正是摘录此书的第二十五章第四节，将其用于什一税的征收，即：牛在场上踹谷的时候不可笼住他的嘴。我们不可能不注意到，他们在目录栏对应该章标题的空白处做了注解，虽然不超过两行：噢，牧师啊！牧师！为了什一税，你们愿被比作牛。②虽然

---

① 具体内容为：21：18：人若有顽梗悖逆的儿子，不听从父母的话，他们虽惩治他，他仍不听从。21：19：父母就要抓住他，将他带到本地的城门，本城的长老那里。21：20：对长老说，我们这儿子顽梗悖逆，不听从我们的话，是贪食好酒的人。21：21：本城的众人就要用石头将他打死。这样就把那恶从你们中间除掉。以色列众人都要听见害怕。——译者

② 潘恩神学著作有非常精美的袖珍版（伦敦，理查德·卡莱尔出版，1822），扉页上印有身穿燕尾服作犹太人装扮的潘恩将他所写的《理性时代》目录页摊开在一个农夫眼前，（曾对此书作出回应的）兰达夫主教从这位农夫手中取过一束禾捆和一头羊，欲扛往身后建立在堆得像小山一般高的谷堆上的教堂。——原书编者

我们无从得知《申命记》作者的真实身份，但是我们不难推断出他所从事的职业：他是一位犹太祭司，并且如我将在下文所示，他生活的年代比摩西至少要晚三百五十年。

接下来我将论及历史事件和年代表证据。我将用到的历史纪年表是《圣经》纪年表，因为我不打算超出《圣经》之外为任何事情寻找证据，而是立足于《圣经》本身，从历史事件和年代表的角度来证明，被认为出自摩西之手的那些书卷实则并非他所撰写。因此，我有必要告诉读者（因为有些读者未必有机会得知这一点）：在大部头版《圣经》以及某些稍小版《圣经》中，每一页的空白边缘处都印有系列年份，目的在于标明该页所讲述的历史事件发生或者被认为发生在基督诞生多久之前，从而表明各历史事件之间的时间间隔。

我首先要分析的是《创世记》。在《创世记》第十四章，作者记述了罗得在四王与五王之战中被掳掠劫走，罗得被俘的消息传到亚伯兰处，他便率领家里生养的精练壮丁前往追击，一直追到但（参考第十四节）。

为了解释"一直追到但"这种说法何以成为我们所要讨论的话题，我将举出两个实例，一关乎美国，二关乎法国。美国现在被称为"纽约"的这座城市，最初名为"新阿姆斯特丹"；法国现在被称为"马拉港"的小镇，此前名为"格雷斯港"。新阿姆斯特丹于1664年更名为纽约，格雷斯港则于 1793 年改名。因此，倘若我们发现任何著述文中有提到纽约这个城市名，即便不曾标注日期，我们也可以肯定，该著述定然不可能成书于新阿姆斯特丹改名为纽约之前，而是1664 年改名之后，或者至少也是那一年之中的某天。同样，任何未标注日期的著述，倘若含有马拉港字样，那一定是确定无疑的证据，表明此类著述必定写于格雷斯港更名为马拉港之后，亦即 1793 年之后，或者至少也是那一年之中的某天。

现在我将分析之前提到的那个问题，我将表明，被称为"但"的这个地方，要到摩西身故多年之后才会出现；因此，含有"一直追到但"这种叙述的《创世记》，其作者不可能是摩西本人。

《圣经》中被称为"但"的这个地方，原来是非犹太教徒栖居的城镇，名叫拉亿。一个叫做"但"的部落占据此地之后，将其更名为但，以此纪念名为"但"的部落始祖，这个叫"但"的部落始祖也是亚伯拉罕的曾孙。

为证明此言非虚，我们的视线有必要从《创世记》转到被称为《士师记》一书的第十八章。文中（第二十七节）提到"他们（但人）将米迦所作的神像和他的祭司都带到拉亿，见安居无虑的民，就用刀杀了那民（《圣经》充满了杀人之事），又放火烧了那城。……（第二十八节）但人又在那里修城居住。（第二十九节）照着他们始祖以色列之子但的名字，给那城起名叫但，原先那城名叫拉亿"。

这段有关但人强占拉亿并将其改名为但的叙述，在《士师记》中紧跟参孙之死之后。参孙之死据说发生在公元前1120年，而摩西则死于公元前1451年。因此，从历史纪事顺序来看，这个地方要直到摩西身故三百三十一年之后才被命名为但。

《士师记》在历史事件和历史年份的顺序安排方面极其混乱。此书的最后五章，即第十七、十八、十九、二十与二十一章，记述的历史事件发生年代要早于此前章节所记述的事件。据文中所述，它们比第十六章早二十八年，比第十五章早二百六十六年，比第十三章早二百四十五年，比第九章早一百九十五年，比第四章早九十年，比第一章早十五年。这一点表明，《圣经》具有不确定性和虚构性。根据这种纪事顺序，强占拉亿并将其更名为但这件事，应该发生在摩西的继承人约书亚身故二十年之后；而根据其在《士师记》中所记载的历史顺序，此事应发生在约书亚身故三百零六年之后，摩西身故三百三十一年之后；二者都能排除摩西是《创世记》作者的可能性，因为无论哪种推论都显示，在摩西生活的年代，不存在一个名叫但的地方。因此，《创世记》的作者必定生活在拉亿被更名为但之后。至于此人姓甚名谁，没有人知道。因此《创世记》是匿名之作，并且不具有权威性。

下文我将谈到另一历史事件和年代表证据，并再次表明与前文一样的主张，即：摩西并非《创世记》的作者。

《创世记》的第三十六章给出了以扫的子孙谱系，以扫又名以东；此外，书中还给出了一份在以东地作王的人物名单，其中有一段记述（第三十一节）现摘录如下：以色列人未有任何君王治理以先，在以东地作王的，记在下面①。

就我们现在看来，倘若找到一份未标注日期的文献，内容谈到发生在过去的事件，作者的措辞是"这些事件发生在美国未有国会之前"或者"法国未有任何国民公会之前"，那么在这种情况下，这一说法本身就是证据：证明这份文献不可能在此之前写成，而只能写于美国出现国会或法国出现国民公会之后；因此，它不可能由任何在美国出现国会或法国出现国民公会之前就已经去世的人写成。

无论是历史记录还是人际交谈，最常见的莫过于在一定的时间范围内谈论某个事实，这是常人最自然不过的行为；不仅因为事实比日期更容易铭刻在人的记忆之中，也因为事实往往涵盖了日期，具有同时给出两条信息的功能。这种联系具体情境的说话方式，毫无疑问意味着其中涉及的事实发

---

① 《钦定本圣经》原文为：And these are the kings that reigned in the land of Edom, before there reigned any king over the children of Israel。《和合本圣经》未将后半句中的"any"译出，鉴于作者在下文对该词展开分析，译者为保持文内一致性，暂且保留其"任何"之义。——译者

生在过去,似乎它就是这么清晰无误。人们在谈到某件事时,如:那是在我结婚之前,或者在我儿子出生之前,或者在我去美国之前,或者在我去法国之前,此话绝对会被理解为并且说话人有意让人理解为:他已经结婚了,他已经有儿子了,他已经到过美国或法国了。语言不会允许这种表达方式还会产生别的意义。任何时候、在任何地方出现此类表达,它只能在它被用来表达的唯一意义上为人所理解。

因此,上文我所摘录的语句,即"以色列人未有任何君王治理以先,在以东地作王的,记在下面",此话只能是写于第一位君王统治他们之后。所以,《创世记》一书非但不是摩西所撰,而且至少在以色列的第一位国王扫罗王出现之后才写成。这是此句确定无疑的涵义;不过"任何君王"的表述意味着不止一位君王,它含有至少存在两位君王的意思,这便延及大卫王时代;倘若在一般意义上来解读,它则涵盖了整个犹太民族的君主政体时期。

在《圣经》中任何宣称是写于君王统治以色列时期之后的书卷章节里,倘若我们读到过这句话,我们是不可能看不到它的用处的。那么,事实便是如上文所言了:记述以色列历代君王历史的《历代志》上下两卷,对外宣称、事实上也的确如此,它们是在犹太民族的君主政体时代开始之后写成的。我所摘录的那句话以及《创世记》第三十六章的所有剩余节段，一应逐字逐句出现在《历代志上》第一章，由第四十三节开始。

如《历代志》的作者在上卷第一章第四十三节所说，"以色列人未有任何君王治理以先，在以东地作王的，记在下面"，他这种说法是前后一致的，因为他将要给出并且已经给出了一张曾经统治以色列的君王名单。然而，因为在那段时期之前，这一表述不可能为人所使用，那么我们就可以像确定任何可以通过历史表述来确认的事物一样，肯定一件事，即：《创世记》的这一部分内容乃是摘自《历代志》，而且《创世记》不及《历代志》古老，很有可能还不及《荷马史诗》或《伊索寓言》年代久远呢。如历史纪年表所示，荷马与大卫王或所罗门王有可能是同时代人，伊索则大概生活在犹太民族的君主政体末期。

把摩西是其作者的这种想法从《创世记》剔除，那么建立在它之上的，就只剩下它是上帝之言这种奇怪的念头了。《创世记》变得空洞无物，仅仅只是一部匿名故事集、神话集和民间流传的或编造出来的荒唐之言，或者说一部彻头彻尾的谎言集。没有了博人一笑的长处，夏娃与蛇和诺亚方舟这两则故事也就与《一千零一夜》层次相当，对于人能活到八九百岁这种说法，实则与古代神话中永生不死的巨人族传说一样近乎天方夜谭了。

此外，从《圣经》中对他的记述看来，摩西这号人物是我们所能想象的最可怕的人。倘若那些叙述是真实的，那么他就是第一个以宗教为由，或者打着宗教旗号挑起战争的卑鄙小人。在这副面具或狂热激进之下，他犯下了前所未有、世间所有国家历史中所能找到的最丧心病狂的暴行。以下我仅举一例。

以色列人的军队某次烧杀抢掠归来后，记述如下：

> "摩西和祭司以利亚撒并会众一切的首领，都出到营外迎接他们。摩西向打仗回来的军长，就是千夫长、百夫长发怒。对他们说：'你们要存留这一切妇女的活命么？这些妇女，因巴兰的计谋，叫以色列人在毗珥的事上得罪耶和华，以致耶和华的会众遭遇瘟疫。所以，你们要把一切的男孩和所有已嫁的女子都杀了。但女孩子中，凡没有出嫁的，你们都可以存留她的活命。"
>
> 《民数记》第三十一章第十三节

倘若这段记述是真实的，那么这世上千百万年来所有枉生为人、令人憎厌至极的恶棍中，我们不可能找得到比摩西还要歹毒狠辣的角色。这就是一道屠戮人子、残杀人母和霸占人女的指令。

让任何一位母亲设身处地为这些母亲们想一想，一个孩子被杀，另一个注定惨遭凌辱，她自己的性命也握在一名剑子手手里；让任何一位身为女儿的人设身处地为这些女儿们想一想，自己注定要成为那些屠戮母亲和兄弟的杀人犯的猎物，她们会是怎样的悲痛绝望？试图欺天罔地是徒劳的，上天自有公道，而残酷对待其所有社会联系的宗教则是虚伪错误的宗教。

这项可憎至极的命令之后是一段清点并瓜分战利品的叙述。在此，神职人员的虚伪世俗嘴脸使他们的罪孽更深重。第三十七节：

> "从其中归耶和华为贡物的羊，有六百七十五只。牛三万六千只，从其中归耶和华为贡物的，有七十二只。驴三万匹①，从其中归耶和华为贡物的，有六十一匹。人一万六千口，从其中归耶和华的，有三十二口。"

简而言之，本章所记述的内容与《圣经》其他许多章节一样，读来令人毛骨悚然、骇人听闻；因为从本章第三十五节看来，在摩西的命令下，他们掳掠了妇女儿童三万两千名，尽数惨遭蹂躏。

人们一般不知道在这部伪造的上帝之言中包藏着怎样的

---

① 此处数据有待商榷，可能作者摘录有误。《钦定本圣经》及《和合本圣经》皆为三万零五百匹。——译者

邪恶凶残之事。他们在迷信盲从的习惯中长大成人，想当然地认为《圣经》就是真理，是善的。他们不允许自己怀疑它，他们把自己对全能上帝心怀仁爱的信念转移到这部他们被教导要相信是奉上帝的权威而写成的著作之上。天哪！这完全是两回事，它是一部谎言之书、邪恶之书和亵渎上帝的书。把人类自身的邪恶归咎于受到上帝的指令，难道还有比这更亵渎上帝的事么！

且让我们回到我要探讨的问题吧，我要表明的是，被认为由摩西撰写的那些书卷事实并非如此，而且《圣经》是伪造之作。在没有任何额外证据的情况下，我在上文给出的两例，足以使任何假装其内记述或提及的事件比其真实发生年代要早四五百年的著作不再真实可信，因为在"一直追到但"和统治以色列的君王这两例中，即便假借经不起推敲的预言那种杀手锏也无法为它们开脱。文中的语言表述采用的是过去时，倘若一个人能以过去时进行预言，那真是愚蠢透顶之举。

类似的证据在这些书卷的许多章节中比比皆是。在《出埃及记》（亦归为摩西所著）中，第十六章第三十五节：

> "以色列人吃吗哪共四十年，直到进了有人居住之地，就是迦南的境界。"

以色列人是不是吃的吗哪、吗哪是何物、它是否类似于菌类或小蘑菇或那个地方常见的其他植物，这都不是我要探讨的问题。我要揭示的只有一个真相：能写出这种话来的，不是摩西，因为这种记述论及的内容超出了摩西所生活的时代。据《圣经》所言（它里面谎话连篇、自相矛盾，我们简直不知道该相信哪一部分，或者是否存在任何可信之处），摩西死在了荒郊野外，从未踏足迦南的境界。因此，说出以色列人抵达迦南时做了何事或吃了何物这种话来的，不可能是他。对吃吗哪的这一叙述，他们告诉我们说，是由摩西所写，但事情本身却发生在摩西的继承人约书亚时代，因为从《约书亚记》中的记述可以看出，以色列人过了约旦河之后抵达了迦南边境。《约书亚记》第五章第十二节：

> "他们吃了那地的出产，第二日吗哪就止住了，以色列人也不再有吗哪了。那一年，他们却吃迦南地的出产。"

《申命记》中有一个比这更显著的例证，它不仅表明摩西不是这些书卷的作者，同时展现出巨人族传说盛行时的神话概念。《申命记》第三章第十一节，在摩西领导下大获全胜的战役中，有一场是关于攻克巴珊王噩的叙述：

"利乏音人所剩下的只有巴珊王噩。他的床是铁的，长九肘，宽四肘，都是以人肘为度。现今岂不是在亚扪人的拉巴么。"

1肘等于1.82英尺（约0.56米）；则床的长度为16英尺4英寸（约4.98米），宽为7英尺4英寸（约2.24米）：这就是这位巨人的床。而在历史事实分析方面，虽然不如前文所举例子中的证据那么直接肯定，却也具有相当高的可能性和确证性，并且比对方最好的证据更具说服力。

作者通过证明这位巨人的存在而将他的床视作一件古代遗物。他说，现今岂不是在亚扪人的拉巴么？意思是，这床在亚扪人所在的拉巴这个地方，这是《圣经》确证某件事情的真实性时惯常使用的手法。然而，说这种话的人不可能是摩西，因为摩西对拉巴一无所知，他也不知道那里有什么。拉巴此城不是这位巨人王的属地，也并非摩西攻占的城市之一。那么，巨人床在拉巴的这则消息，以及它长宽尺寸细节，必定可以用来指涉拉巴被攻占的年代，而这要到摩西死后四百年才发生；这一点我们可以查阅《撒母耳记下》第十二章第二十六节："约押攻取亚扪人的京城拉巴。"

被认为由摩西撰写的书卷中存在大量时间、地点和形势上的矛盾，这些矛盾说明这些著作并非出自摩西之手，也并非成书于摩西时代，恕我不在此一一列举。

接下来我将讨论《约书亚记》，我将揭示约书亚并非其作者，此书是匿名之作，并且不具权威性。我将列举的证据乃存在于本书卷之内：我不会超出《圣经》之外去寻找证据来否认人们料想中《圣经》所具有的真实性。伪证从来都是自掘坟墓。

据《约书亚记》第一章所载，约书亚是摩西的直接继承人；此外，他还是个军人，摩西却不是。他作为以色列人的首领，在位二十五年；意即，从摩西死后——据《圣经》年代表记载，那是公元前1451年——至公元前1426年在位。据同一年代表，这一年约书亚身故。因此，倘若在这部据说是由约书亚所撰写的书中，我们读到某些在约书亚死后才发生的事实的相关记述，那显然可以证明约书亚并非其作者，并且此书应该成书于它所记载的最晚事件发生之后。至于此书卷的特点，它令人不寒而栗；它是一部烧杀抢掠的战争史，与那些有关他前任——摩西的邪恶虚伪纪事一样野蛮残忍；与此前的书卷一样，它对上帝的亵渎在于它把那些恶毒行径归咎于受到上帝的指令。

首先，《约书亚记》与前述书卷的情况一样，采用的是第三人称；这是记述约书亚的历史学家的口吻，因为倘若约书亚像第六章最后一节"约书亚的声明传扬遍地"那样谈论自己，则会显得荒唐可笑又大言不惭。接下来我将对证据进行更详尽的剖析。

《约书亚记》第二十四章第三十一节中提到：

> "约书亚在世和约书亚死后，那些知道耶和华为以色列人所行诸事的长老还在的时候，以色列人事奉耶和华。"

依我们的常识来看，讲述人们在约书亚死后做过哪些事的人，会是他本人么？这段话必然是生活在约书亚时代之后的某个历史学家所写；不仅如此，此人还生活在约书亚死后且那些仍然活着的长老们身故之后的时代。

《约书亚记》整卷中在时间方面只是笼统带过的有多处，如上文所摘录的节段所示，这种笼统只提到此书写于约书亚时代及之后的很长一段时期，而并未特别注明某个特殊的时间节点。在上段引文中，约书亚死后及至长老们过世的这段时期被描述性话语彻底避开，这些证据证明，此书卷乃是在后者过世之后才写成。

然而，虽然我前文提及并将要引述的几个节段并未标注任何特定时间节点，但它们所暗含的时间与约书亚时代之间的间隔，要远远长于约书亚死后至长老们过世这段时期。如第五章第十四节，讲述了在约书亚的命令下，日头停在基遍、月亮止在亚雅仑谷（这是个只适合逗稚童玩乐的故事）①之后，书中写道：

> "在这日以前，这日以后，耶和华听人的祷告，没有像这日的。"

在此段叙述之后暗示的时间方面，即被拿来与此前一切时日相比较的"那日之后"，为了使这句话显得极为意味深长，这"之后"必然意味着相当长久的一段时期——例如，倘若我们用这种措辞来意指次日、下周、下个月或者下一年，则是荒唐可笑的。因此，为了使这段话意义深远，并与它所涉及的奇迹相匹配，同时也使它所暗示的从前旧时富有深意，它必定意味着好几个世纪之久。不管怎么说，倘若这

---

① 日头停在基遍、月亮止在亚雅仑谷的这则故事，是那些自我揭露属于神话传说的故事之一。这种情形不可能在全世界人民都对此茫然不知的情况下发生。一半人会纳闷为何太阳不照常升起，另一半则纳闷为何它不照常落下；关于它的传说按理应该是普天之下人所共知之事；然而世上并无哪个国家听说过任何类似这样的事件。然则为何月亮必须止住呢？月亮在白天出现而同时太阳高照又是什么场合？作为极具诗意之物，整体相当适宜；这就类似于歌颂底波拉和巴拉时记述的那样，"星宿从天上争战，从其轨道攻击西西拉"。这种说法要逊色于穆罕默德对前来告诫他放弃所行之事的人们所说的象征性宣言。他说："如果他们将太阳放在我的右手，将月亮放在我的左手，以作为放弃此事（召唤伊斯兰教）的回报，我也绝不应允。"倘若约书亚要超越穆罕默德，那么他须得将太阳和月亮各放置于左右衣袋之中，然后像盖伊·福克斯携带他预备炸毁英国国会大厦的黑火药一样，在可能用得着它们的时候将其释放出来大放光明。崇高与荒谬之间的联系往往如此紧密，乃至于我们很难将二者完全分开。崇高多出一步就变成荒谬，荒谬往上一步又变回崇高；《约书亚记》中的这种叙述乃是诗意想象的结果，它揭示了约书亚的愚昧无知，因为他本应该命令地球停止转动的。

段时间不足一个世纪，将会显得微不足道，少于两个世纪则勉强可以接受。

第八章同样有一处笼统的时间表述，在一段有关攻占艾城的记叙之后，书中写道，第二十八节：

"约书亚将艾城焚烧，使城永为高堆荒场，直到今日。"

然后又在第二十九节谈到被约书亚在进入城门之时吊死并焚烧的艾城王，书中写道：

"在尸首上堆成一大堆石头，直存到今日。"

亦即，直存到《约书亚记》的作者所生活的年代或时代。其后又在第十章谈及约书亚将五王杀死并挂在五棵树上，后来又吩咐人把尸首从树上取下来丢在山洞里，书中写道：

"把几块大石头放在洞口，直存到今日。"

在历数约书亚和各宗族支派的丰功伟绩以及他们征服或夺取的各座城池时，书中第十五章第六十三节写道：

"至于住耶路撒冷的耶布斯人，犹大人不能把他们赶出去，耶布斯人却在耶路撒冷与犹大人同住，直到今日。"

这段记述的问题在于，耶布斯人什么时候与犹大人在耶路撒冷同住？这个问题在《士师记》第一章会再次出现，此处我暂且按下不表，留待下文分析该部分章节时一并讨论。

以上内容从《约书亚记》本身出发而并未借助任何其他辅助性证据。它表明：约书亚并非该书卷作者，它是匿名之作，因此不具权威性。接下来如前文所言，我将对《士师记》展开分析。

从字面看来，《士师记》是匿名的；因此，即便有人妄想称之为"上帝之言"，它却是连名义上的凭证都不具备，它从头到尾都是来历不明的。

此书开篇与《约书亚记》如出一辙。《约书亚记》第一章说的是"耶和华的仆人摩西死了以后"云云；《士师记》第一章说的是"约书亚死后"云云。这一点以及二者之间在风格上的相似性暗示着它们出自同一位作者之手，然而此人姓甚名谁，我们全然不知；此书唯一能证明的一点就是，其作者生活在约书亚时代完结很久以后，因为虽然开篇第一句看上去像是约书亚刚过世不久，但第二章是整部书卷的缩影或摘要。据《圣经》年代表看来，此书横跨的历史时期长达三百零六年；亦即，从约书亚过世的公元前 1426 年起始，至参孙身死的公元前 1120 年结束，距离扫罗动身寻找他父亲丢失的几头驴及被立为王之时仅相隔二十五年。然而，我们有充分的理由相信，此书卷是直到大卫王时代才写成的，至少《约书亚记》是写于该时期之后。

在《士师记》第一章，作者宣布约书亚死后，接着告诉我们犹大人和迦南地居民之间发生了什么事。在这段叙述中，这位作者突如其来地在第七节提到耶路撒冷，然后紧接着在第八节做了解释："犹大人攻打耶路撒冷，将城攻取。"因此，这部书卷不可能写于耶路撒冷被攻占以前。读者仍会记得我所摘录的《约书亚记》第十五章第六十三节内容，说的是：耶布斯人在耶路撒冷与犹大人同住，直到今日；此处时间指的是《约书亚记》写作之时。

为了证明以上我所讨论的书卷实则并非出自人们认为的那几个人之手，而是写于他们身故多年之后的某个时期——倘若这些人在历史上确有其人——我搜罗列举的证据已经相当充足了，乃至于即便这段话本身具有十足的分量，我仅取其中几分便足够有力。因为问题在于，只要《圣经》可以被认为是对历史的记述，那么耶路撒冷则是要在大卫王时代才被攻取；因此，《约书亚记》和《士师记》是要在大卫开始统治以色列人之后才写成，那时距离约书亚之死已经三百七十年了。

后来被称为耶路撒冷的这座城市，最初名为耶布斯或耶布思，它是耶布斯人的首都。有关大卫王攻取这座城市的记述出现在《撒母耳记下》第五章第四节及其后多节、《历代志上》第十四章第四节及其后多节。除此之外，《圣经》中并无任何其他章节提及耶路撒冷此前曾经被人攻取，也没有任何叙述证实这一观点。《撒母耳记》和《历代志》上下卷都没有像谈到征服其他城池那样，说在耶路撒冷"他们击杀所有男女婴童；所到之处，无一人生还"；我们发现《圣经》对此只字未提，这意味着它是降服于外敌，本地居民耶布斯人在它被侵占之后继续栖居于此。因此，约书亚给出的这段叙述"耶布斯人却在耶路撒冷与犹大人同住"直到今日，在时间上只对应于大卫王攻取这座城市之后。

至此，我已表明：《圣经》包含的每一部书卷，从《创世记》到《士师记》都不具权威性。接下来是《路得记》，这是一则作者不详、无用无益、粗制滥造、叙述拙劣的故事，讲的是一个流浪的乡下女子狡黠地偷偷爬到她本族人波阿斯的床脚。[①]这种绝妙玩意儿的确担得起"上帝之言"的称号。然而，因为没有屠戮劫掠之事，它却是《圣经》中最好的书卷之一。

下面我要分析的是《撒母耳记》上下两卷，并揭示这

---

① 此处潘恩的措辞可能略含贬抑之意，但《路得记》行文并非如此。——原书编者

两部著作并非撒母耳所写，而是撒母耳身故许久之后才写成的。它们与此前那些书卷一样是匿名之作，且不具权威性。

为了让人们相信这两部著作成书之时要远远晚于撒母耳时代，因而并非由他所写，我们只需要读一读作者有关扫罗寻找他父亲丢失的几头驴的记述以及他与撒母耳的会面——扫罗走到撒母耳跟前问丢失的几头驴在哪里——就像现今有些蠢人跑去巫师那里询问失物的去向。

在讲述扫罗、撒母耳和驴的故事时，这位作者的叙述口吻并非像此事刚刚发生，而是将其当作一个流传至他生活时代的古老的故事；因为采用的是撒母耳时代的语言或措辞，这就使得这位作者有必要用他所在时代的措辞或语言加以解释。

这两卷书首次出现有关撒母耳的记述是在上卷第九章第十三节，他被称为"先见"；扫罗使用的正是这一称呼，此章第十一节：

> "他们上坡要进城，就遇见几个少年女子出来打水，问她们说：'先见在这里没有？'"

于是扫罗按照这些少年女子所指的方向，在不认识撒母耳的情况下走到他跟前，问他，第十八节：

"请告诉我，先见的寓所在哪里。"然后，撒母耳回答说："我就是先见。"

《撒母耳记》的作者在记述这些问答时，使用的语言或表达方式据说是从前的人们所使用的方式。因为这种表达方式在作者著书时已经废弃了，所以他觉得有必要对表述这些问答的措辞作出解释，以便故事能为人所理解。他在第九节便采取了这一做法：

"从前以色列中，若有人去问神，就说，我们问先见去吧。现在称为先知的，从前称为先见。"

这一点证明，如我前文所言，扫罗、撒母耳和这几头驴的故事在《撒母耳记》写成之时是一则古老的故事，因此撒母耳并非著书人，且此书并不具权威性。

倘若我们再深入阅读这两部著作，则会发现更有力的证据证明撒母耳并非其作者，因为书中所记述的事件乃是撒母耳身故多年之后才发生。撒母耳死于扫罗之前，因为在《撒母耳记上》第二十八章提到，在撒母耳死后扫罗曾与隐多珥交鬼的妇人把撒母耳招上来。然而，这两部书卷记述的历史在时间跨度上囊括了扫罗余生之年直至接任扫罗的大卫王在世的后半期。有关撒母耳故世与下葬（这种事不可能由他自已撰写）的叙述出现在《撒母耳记上》第二十五章，此章书页空白处附注的年份是公元前 1060 年。然而《撒母耳记上》记述的历史其年份及至公元前 1056 年，即扫罗离世之年，此时撒母耳身故已有四年。

《撒母耳记下》开篇讲述的是撒母耳身故四年之后发生的事，因为它一开始就提到继任扫罗的大卫统治以色列直至其统治时期结束，那是撒母耳身故四十三年之后。因此，这两部书卷本身含有这些肯定的证据，表明它们实非撒母耳所撰。

至此，我已经详细讨论了《圣经》第一部分的所有书卷。这些书卷标题中的人名被认为是与之对应的作者，妄称基督教之名的教会对全世界人民谎称它们是摩西、约书亚和撒母耳所撰写的著作。我已经洞察并证明了这是一场欺世惑众的骗局。事到如今，汝等形形色色宣教布道、对《理性时代》第一部所著内容口诛笔伐的教士们，你们有何话可说？面对这海量的、与你们针锋相对、清清楚楚摆在你们眼前的一切证据，你们还会继续把这些书卷当成受到天启之人所撰写的杰作和上帝之言去欺瞒你们的信众么？即便证据一望便知，真相不言自明，即你们认为是作者的那些人其实并非如此，而且你们也不知道真正的作者是何人，你们还会继续欺瞒么？为了继续这场亵渎上帝的宗教骗局，你们又要处心积虑弄出些什么托词来呢？为了对抗自然神论纯粹道德的宗教信仰，你们又会耍些什么花招来支撑你们那一套虚伪、偶像崇拜和假模假式的启示之说？倘若《圣经》中俯拾皆是的草菅人命的指令，以及在这些指令之下对男女婴童无以计数的残害之事乃是你们的某个尊崇备至的友人所为，那么你们就会因为发现这项指控存在错误而欣喜若狂，为他受到玷污的声名挺身辩护，并引以为豪。正是因为你们沉溺在迷信的残酷野蛮之中无法自拔，或者对你们造物主的荣耀漠不关心，你们才对《圣经》中可怕至极的传说深信不疑，或者听到这些传说时内心麻木而无动于衷。我在前文所列举且将在后文继续呈现，用以证明《圣经》不具权威性的那些证据啃噬着教士的顽固不化，同时也使数百万人感到如释重负而心灵得到安定：教士们和《圣经》曾经灌输在其头脑里有关上帝冷酷无情的所有观念是囚禁这些人的牢笼，而这些证据会让他们解脱出来重获自由，那些观念与他们心中对上帝道德正义和仁爱之心的认识水火不容直至永恒。

接下来我将对《列王纪》和《历代志》各上下两卷展开分析。这些书卷完全是史学著作，而且主要限于犹太人的君王们的生平与所行之事。他们总体而言就是一帮流氓无赖。不过，我们在这方面的关注仅仅相当于我们对罗马皇帝或《荷马史诗》中特洛伊之战的兴致。此外，因为这些书卷是匿名的，我们对其作者或这个人物一无所知，所以无法确定应该在何种程度上相信书中所记述的事件。与所有其他古代历史著作一样，它们看上去就像一堆神话和事实混合交错，可能发生之事与不可能发生之事彼此交杂；又因为年代悠久、天遥地远，再加上时移世易，这些内容读来古旧而乏味。

这些书卷在我笔下的主要用途是进行互相比照，连同《圣经》其他部分内容一道，来揭示这部假冒的上帝之言中存在的混乱、矛盾和残忍。

《列王纪上》以所罗门王的统治开篇，据《圣经》年代表，这是公元前 1015 年起始。《列王纪下》终结于公元前 588 年，稍晚于西底家统治时期，此人在巴比伦王尼布甲尼撒二世攻破耶路撒冷和征服犹太人之后被掳至巴比伦。两部书卷所记历史横跨四百二十七年。

《历代志》上下两卷是与《列王纪》所记时代相同的历史叙述，总体而言涉及的人物也与之相同，不过是由另一位作者撰写：因为同一位作者将同一历史书写两遍，这种设想有些荒唐可笑。《历代志上》（前九章列出了从亚当至扫罗的谱系）以大卫王的统治开篇；《历代志下》与《列王纪下》一样，以西底家统治时期结束后不久终结，大致在公元前 588 年。最后一章的最后两节将历史往前推进五十二年，即公元前 536 年。不过，这两节实际并不属于《列王纪下》，此处暂且按下不表，我将在分析《以斯拉记》时一并探讨。

《列王纪》上下两卷除了涵盖扫罗、大卫和所罗门这几位君王统治全以色列的历史，还简要概述了十七位君王、一位女王的生平；他们被称为犹大人的王。还有十九位被称为以色列人的王，因为犹太民族在所罗门王死后不久便分裂为两支，双方各有其主，彼此恨之入骨、纷争不断。

这两部书卷不过就是一部杀戮、背叛和战乱的历史。在野蛮侵占妄称是"上帝应许"的迦南地时，犹太人使他们自己在对迦南人的种种残忍行径面前习以为常，此后同样丧心病狂地自相残杀。犹太人历代君王中自然死亡的几乎不到一半，在某些情况下，整个家族被灭绝殆尽，以便稳固继任者的统治权；而几年、有时仅数月或更短时日之后，这位继任者又重复同样的命运。《列王纪下》第十章提到两个装满少年人首级的筐，总共七十人，曝在城门口；他们是亚哈王的儿子，在耶户的命令下全部被杀。而这位耶户，竟自称是奉上帝之命的先知以利沙涂膏油后被确立为以色列的王，他有意犯下这充满血腥的暴行，杀了他的前主人。在记述以色列众王之一、杀了在位仅一月的沙龙王的米拿现时，《列王纪下》第十五章第十六节提到：米拿现击杀提斐萨城中一切的人，剖开其中所有的孕妇，都因他们没有给他开城。

倘若我们容许自己想象，上帝会从天下万民中任择其一作为其特选的子民，我们一定会认为，是其纯粹虔诚的信仰和仁厚慈爱的心灵切切实实是世人效仿之典范的某个民族，而非像古代犹太人这般凶狠残暴、嗜杀人命——这个民族受到诸如摩西、亚伦、约书亚、撒母耳和大卫这些恶人和骗子的腐坏，上行下效，以其野蛮和邪恶在全世界芸芸众生之中脱颖而出。倘若我们并非顽固地对此视而不见，并且不把自己的心肠变得黑铁般坚硬，我们不可能看不到；纵然我们的心灵受到长久以来的迷信的毒害，那冠冕堂皇的"上帝选民"之称其实不过是犹太人的众教士和领袖们为了掩盖他们族人的鄙贱卑劣而撒下的弥天大谎；而有时与这些人一样腐败且常常与他们同样残忍的基督教教士们，已然公开宣称相信这桩弥天大谎。

《历代志》上下两卷是对相同罪行的复述，但文中多处存在历史断裂，作者漏写了某些君王的统治。与《列王纪》中一样，叙述内容从犹大王到以色列王，再从以色列王到犹大王，二者交替轮换，读来晦涩难解。同一部著作对同一段历史的记叙有时自相矛盾：例如，《列王纪下》第一章第十七节，我们被告知——说法相当含糊——在以色列王亚哈谢死后，亚哈谢的兄弟约兰接续他作王（约兰是亚哈的儿子、亚哈谢的兄弟，因为亚哈谢没有儿子；此时是犹大王约沙法的儿子约兰在位第二年）；而此书第八章第十六节又说："以色列王亚哈的儿子约兰第五年，犹大王约沙法还在位的时候，约沙法的儿子约兰登基作了犹大王。"意即，一章说以色列王约兰在犹大王约兰在位的第二年登基，另一章又说犹大王约兰在以色列王约兰在位的第五年登基。

　　某段历史记述中若干发生在某某君王统治时代最非比寻常的事件，在另一处关于同一位君王同一段历史的记述中却毫无踪迹。例如，所罗门死后，第一代彼此敌对的两位君王是罗波安与耶罗波安。《列王纪上》第十二章和第十三章有一段关于耶罗波安上坛烧香的叙述，旁边有一个被称为"神人"的人，向坛呼叫（《列王纪上》第十三章第二节）：

　　　　"坛哪，坛哪！耶和华如此说：大卫家里必生一个儿子，名叫约西亚。他必将丘坛的祭司，就是在你上面烧香的，杀在你上面，人的骨头也必烧在你上面。"

《列王纪上》第十三章第四节：

　　　　"耶罗波安王听见神人向伯特利的坛所呼叫的话，就从坛上伸手，说，拿住他吧。王向神人所伸的手就枯干了，不能弯回。"

　　人们会认为，诸如此类发生在其中一个支派的首领身上非比寻常之事（被说成是一桩审判），并且发生在以色列民族刚刚分裂之际，倘若真有其事，那么此事定然会载入双方史册。然而，虽然后世的人们对先知告诉他们的一切抱以信任，但是这些先知或者历史学家们看上去似乎并不相信对方：他们太清楚彼此的底细了。

《列王纪》同样对以利亚进行了长篇记述。相关内容出现在若干章节，最后的结局在《列王纪下》第二章第十一节：

> "他们（以利亚和以利沙）正走着说话，忽有火车火马将二人隔开，以利亚就乘旋风升天去了。"

嗯哼！这事纵然离奇，《历代志》的作者虽然也提过以利亚之名，对此事却只字未提；而且《列王纪下》第二章讲到一群童子称以利沙秃头时，也未曾提及此事；然后这位神人（第二十四节）

> "回头看见，就奉耶和华的名咒诅他们；于是有两个母熊从林中出来，撕裂他们中间四十二个童子。"

该作者在《列王纪下》第十三章同样语焉不详，此处讲到有人把死人埋在以利沙的坟墓里，当他们把死人放下时，"一碰着以利沙的骸骨，死人就复活站起来了"。这则故事并没有告诉我们结局：后来这群人是不顾此人复活站起来而继续把他埋了呢，还是把他拉起来了。像今日不愿被指控为谎话连篇或者至少无中生有的任何作家一样，《历代志》作者闭口不言的所有这些故事，在性质上该属同一类型。

然而，不论这两位历史学家在其所讲述的故事方面存在多大的差别，二人却不约而同地对被称为"先知"、其著述占据了《圣经》后半部分的那些人讳莫如深。生活在希西家王时代的以赛亚，在《列王纪》中讲述该时期历史时有被提及，《历代志》同样如此。然而，即便根据《圣经》年代表，他们生活在这些历史被记撰成册的时代，其中有一些更久远，但是除了在个别情况下充其量蜻蜓点水般一笔带过，其他一概不提，连隐约涉及其人其事的表述都不曾出现。倘若真如《圣经》编纂者、教士和注经人士所表述的那样，这些被称为"先知"的人在他们生活的时代确是如此德高望重，那么所有这些历史记述无一对他们说过任何片纸只字，这又该如何解释？

如我上文所言，《列王纪》和《历代志》各卷所载历史年份及至公元前588年。因而，此处恰当的做法是，梳理出哪些先知生活在该时期之前。

以下是所有先知列表，旁附各自降世之年，依据的是各卷先知书第一章边缘空白处所标注的时间；同时列出的还有《列王纪》与《历代志》成书之前各先知生年。

先知列表（附其降世之年及《列王纪》与《历代志》成书前其生年）

先知名	降世之年（公元前）	《列王纪》与《历代志》成书前生年	备注
以赛亚	760	172	未提及
耶利米	629	41	仅《历代志》最后一（两）章提及
以西结	595	7	未提及
但以理	607	19	未提及
何西阿	785	97	未提及
约珥	800	212	未提及
阿摩司	789	199	未提及
俄巴底亚	789	199	未提及
约拿	862	274	见脚注①
弥迦	750	162	未提及
那鸿	713	125	未提及
哈巴谷	620	38	未提及
西番雅	630	42	未提及

---

① 《列王纪下》第十四章第二十五节提及约拿之名，记述的是耶罗波安收回以色列边界之地的事；除此之外并无其他，未有丝毫影射《约拿书》，不曾谈及他的尼尼微大城之行，也没有提到他邂逅大鱼之事。

先知名	降世之年（公元前）	《列王纪》与《历代志》成书前生年	备注
哈该	生于公元前 588 年后		
撒迦利亚			
玛拉基			

　　此表要么对《圣经》历史学家们而言不太光彩，要么对《圣经》先知们而言不太光彩。我把两者之间的是非对错留给那些对细枝末节颇有造诣的教士和注经人士去解决，而将理性用于思考下面这个问题：为何《列王纪》与《历代志》的作者像如今所有的历史学家们对待彼得·品达一样，带着如此浓重的贬损意味，对我在《理性时代》第一部中确认其身份为诗人的那些先知们三缄其口。

　　对《历代志》，我尚有一处心得要提；在此之后，我便继续分析《圣经》剩余书卷。

　　在对《创世记》的研究中，我摘录了第三十六章第三十一节，显然那是关于时间的表述，即以色列人未有君王治理以先；而且我已经表明，此节与《历代志上》第一章第四十三节前半段几乎完全相同。《历代志上》中的历史年代顺序井然不乱，《创世记》则并非如此，后者中的这句时间表述以及第三十六章大部分内容乃是摘自《历代志上》；《创世记》虽然位于《圣经》之首，并被认为由摩西所撰，但它实则出自某个无名氏之手，且写于《历代志》成书之后，而这已经是摩西身故至少八百六十年之后了。

我证明这一点所采用的证据是正当规范的，并且只包含两个方面：首先，如我所言，《创世记》这一节段在时间上参考的是《历代志》；其次，所参考的《历代志》内容是在摩西时代完结至少八百六十年之后写成的。为了证明此言非虚，我们只需要看看《历代志上》第三章第十五节，作者给出的大卫后世子孙谱系中提到西底家，正是在西底家统治时期的公元前588年，巴比伦王尼布甲尼撒二世征服了耶路撒冷，这比摩西死后八百六十年还要久。那些盲目吹嘘《圣经》历史悠久、认为由摩西撰写的书卷尤其古老的人们，在如此叫嚣之前并没有明辨虚实，他们所具有的权威，不过是某个幼稚轻信之人将故事说与他人听时的权威。因为，从历史纪事和年代表证据来看，《圣经》排在初首之位的这部书卷并不如《荷马史诗》年代久远，二者相差三百余年，前者大约与《伊索寓言》成书年代相近。

我并非在为荷马的道德品性辩护。恰恰相反，我认为《荷马史诗》宣扬了一种错误的荣耀观，它容易使得人们对荣耀产生不道德和邪恶的认识。至于《伊索寓言》，虽然总体而言其道德取向是正义的，但寓言往往是残忍的。寓言的残忍对人类心灵，尤其对稚童之心灵所造成的伤害，要多于道德启迪对人类在是非判断上带来的助益。

对《列王纪》和《历代志》的分析到此为止，按照顺序，接下来我将讨论《以斯拉记》。

我将呈现的证据之中，有一项可揭示这假冒的上帝之言——《圣经》——其内是何等混乱不堪以及其作者身份存疑不定，我们只需要看看《以斯拉记》开篇前三节和《历代志下》最后两节即可。因为《以斯拉记》前三节成了《历代志下》后两节，或《历代志下》后两节成了《以斯拉记》前三节，这依据的是何等剪辑之理？要么是作者不了解他们自己撰写的著作，要么是编者不了解这些作者。

《历代志下》后两节	《以斯拉记》前三节
第二十二节：波斯王古列元年，耶和华为要应验借耶利米口所说的话，就激动波斯王古列的心，使他下诏通告全国，说：	第一节：波斯王古列元年，耶和华为要应验借耶利米口所说的话，就激动波斯王古列的心，使他下诏通告全国，说：
第二十三节：波斯王古列如此说，耶和华天上的神已将天下万国赐给我，又嘱咐我在犹大的耶路撒冷为他建造殿宇。你们中间凡作他子民的，可以上去，愿耶和华他的神与他同在。	第二节：波斯王古列如此说，耶和华天上的神已将天下万国赐给我，又嘱咐我在犹大的耶路撒冷为他建造殿宇。
	第三节：你们中间凡作他子民的，可以上去，愿耶和华他的神与他同在。

《历代志》最后一节骤然中断①，句中"可以上去"未有下文表明具体去处。这一令人猝不及防的断裂以及不同书卷中出现相同节段的现象表明，如我前文所言，《圣经》是在何等混乱无知的情况下被编纂成集，而且编者对其所作所为并不具有任何权威，我们也没有任何根据去相信他们的所作所为②。

---

① 　《钦定本圣经》此处为：Who is there among you of all his people? The LORD his God be with him, and let him go up. 直译为：你们中间有谁从作他的子民的？愿耶和华他的神与他同在，让他上去。《和合本圣经》将第二句后半截并入第一句，故汉译读者看不出此处语义断裂的痕迹。——译者

② 　我在分析过程中发现，《圣经》存在若干语句中断和毫无意义的节段，当时没有考虑到它们是否具有足够的重要性而将其纳入著作主体部分，如《撒母耳记上》第十三章第一节："扫罗在位一年；作以色列王二年的时候，扫罗就从以色列中拣选了三千人。"该节前半句所说的"扫罗在位一年"没有任何意义，因为它没有告诉我们扫罗做了什么，对那一年结束时发生了什么事也只字未提；而且，紧接着后面这句就提到他作以色列王二年，所以前句说他在位一年实属多此一举，因为他若是作以色列王二年，那就不可能不已经在位一年。

　　另一例出现在《约书亚记》第五章，作者给我们讲了个显现在约书亚面前的天使（这一称呼乃基于本章开头目录处标注）的故事；故事戛然而止，有始无终。书中叙述如下：——第十三节："约书亚靠近耶利哥的时候举目观看，不料有一个人手里有拔出来的刀，对面站立。约书亚到他那里，问他说：你是帮助我们呢，是帮助我们敌人呢？"第十四节："他回答说：不是的，我来是要作耶和华军队的元帅。约书亚就俯伏在地下拜，说：我主有甚么话吩咐仆人？"第十五节："耶和华军队的元帅对约书亚说：把你脚上的鞋脱下来，因为你所站的地方是圣的。约书亚就照着行了。"——然后呢？没有然后，故事仅止于此，本章就此完结。

　　要么是这则故事逢中折断，要么这是某个富有幽默感的犹太人在揶揄约书亚假借上帝之名行事时插科打诨，而《圣经》的编纂者们在不了解故事前因后果的情况下，把它当作正经之言记述了下来。作为一则具有幽默讽意味的故事，它非常有意义：因为它煞有介事地引出一个有着人类形貌的天使，手持一把拔出来的刀，约书亚在他面前俯伏下拜（这有悖于他们所尊奉的第二条戒律）；最后，这位顶顶重要的、来自天国的使者却只叫约书亚脱了他的鞋，说不定还叫他脱了裤子呢。

　　然而，可以肯定的是，犹太人对他们领袖告知的一切并非照单全收，这一点可以从他们议论那个迟延不下山的摩西时满不在乎的态度看得出来。至于这位摩西，他们说的是，我们不知道他遭了什么事。《出埃及记》第三十二章第一节。

《以斯拉记》唯一貌似具备些许确定性的，是它成书的年代，那是被囚掳在巴比伦的犹太人获准返回家园后不久，约为公元前536年。以斯拉（据犹太解经家称，此人与《旧约次经》中的以斯达士是同一人）是归来者之一，而且很可能是他留下了有关此事的记述。撰写了紧随《以斯拉记》之后那部著作的尼希米是另一位归来者，此人同样很可能在以其名命之的《尼希米记》中记述了同一件事。但是这些记述对我们来说无足轻重，对任何人而言都是如此；除了对犹太人，那是他们民族历史的一部分。上帝之言在这些著作中的分量，与所有法兰西历史或波·德·索尔亚斯·拉平的英格兰历史或有关任何国家的历史著作一样，没有孰多孰少之分。

然而，即便是有关对历史事件的记录方面，两位作者无一靠得住。在《以斯拉记》第二章，作者列出了一份从巴比伦回到耶路撒冷的各部落宗族人员名单及详细数目；如此将回归人员记录在册似乎是此书的主要宗旨之一，然而此处存在一个谬误，足以破坏作者的这一意图。

作者的名册登记方式如下（第二章第三节）："巴录的子孙，二千一百七十二名。"第四节："示法提雅的子孙，三百七十二名。"他以这种方式列举各宗族人数；然后在第六十四节，他得出总数后说，会众共有四万二千三百六十名。

但凡有人能不厌其烦将各项人数逐一相加，便会发现最后总数是二万九千八百一十八名，误差为一万二千五百四十二名①。如此看来，《圣经》中还有什么是确定无误的呢？

尼希米以同样的方式列出了各宗族及其具体人数。与《以斯拉记》一样，他（在第七章第八节）写道："巴录的子孙，二千一百七十二名。"其后所有宗族一一列出（若干宗族人数与以斯拉的记录存在出入）。尼希米在第六十六节统计总数，与以斯拉一样，他说，"会众共有四万二千三百六十名。"然而，将他所列的各单项人数相加，得出的总数是三万一千零八十九，误差为一万一千二百七十一。这两位作者或许在编纂《圣经》方面是行家里手，但在一切要求实

① 《以斯拉记》各宗族人数列表

		前12节累计人数11577		前22节累计人数15783		前32节累计人数19444	
节段	人数	节段	人数	节段	人数	节段	人数
3	2172	13	666	23	128	33	725
4	372	14	2056	24	42	34	345
5	775	15	454	25	743	35	3630
6	2812	16	98	26	621	36	973
7	1254	17	323	27	122	37	1052
8	945	18	112	28	223	38	1247
9	760	19	223	29	52	39	1017
10	642	20	95	30	156	40	74
11	623	21	123	31	1254	41	128
12	1222	22	56	32	320	42	139
						58	392
						60	652
总人数	11577		15783		19444		29818

事求是和精准无误的事项方面，他们着实难担此任。

按顺序，下一部该轮到《以斯帖记》。倘若以斯帖本人以成为波斯王亚哈随鲁的一名宠妃或王后瓦实提的敌手为荣——这位王后拒绝遵从太监所传的王命，波斯王命她到一群喝得烂醉的人当中（书中提到他们已开怀畅饮七日），让各等臣民一睹她的美貌——那就让以斯帖和末底改去操心这种事吧，与我们不相干，至少与我不相干。除此之外，这则故事看上去非常像是虚构的，而且同样是匿名之作。我将略过不提，接着分析《约伯记》。

《约伯记》在内容上与我们至今探讨过的所有书卷都不同。此书完全没有背叛和杀戮的成分。它是一部人类心灵的沉思录，此心灵对人类生命的变化无常有着强烈深刻的感触，它在艰难困苦中受挫抗争、百折不挠。这一卷著作是一部精心锻造的作品，描述的是人在自身心甘情愿的屈服和无意识的烦躁不满之间来回摇摆，表现出人类——有时确是如此——更倾向于妄自菲薄和逆来顺受。忍耐在本书探讨的人物的性格中只占很小一部分；恰恰相反，他悲痛起来常常是冲动而猛烈的；不过他仍然努力自持防范，而且在接二连三的无妄灾难中似乎打定主意把"内心要知足"这项艰难的义务强加给自己。

我怀着敬意在《理性时代》的第一部中谈到过《约伯记》，彼时我有所不知的是，从所有能收集到的证据看来，

《约伯记》并不属于《圣经》。

我读过希伯来解经家阿贝内兹拉和斯宾诺莎在这个问题上的观点。二人皆认为《约伯记》并没有任何内在证据表明它是一部希伯来著作。它谋篇布局的方式特点及其效果并不是希伯来式的。它是从其他语言译入希伯来语的，而且该书作者并非犹太人或犹太教徒。书中被冠以"撒旦"之名的角色（这是《圣经》首次，也是唯一一次提到撒旦之名）① 没有任何与之相类似的希伯来概念。上帝两次召集此卷诗歌体著作所称的"神的众子"，他们与上帝的亲近关系，比起这位被认作撒旦的角色与上帝之间的关系，实则并无差别。

我们也许还会注意到，这部著作的内容显示，它是由某个在科学领域接受过训练的人撰写而成的。而对当时的犹太人而言，他们非但不是以科学著称，反而在这方面愚昧无知。书中对自然哲学领域事物的涉及屡见不鲜，其特性与希

① 潘恩在后来某部著作中注明，撒旦这个词在"《圣经》"中（他笔下的《圣经》自始至终仅指《旧约全书》）同样出现在《历代志上》第二十一章第一节，并指出，该处归咎于撒旦所为之事（即攻击以色列人，激动大卫数点他们）在《撒母耳记下》第二十四章第一节中被认定是耶和华所为（详见《论梦》一文）。不过，在这些地方以及《诗篇》第一百零九章第六节中，"撒旦"的意思是"adversary"（"对头"），美国标准版《圣经》在《撒母耳记下》第十九章第二十二节与《列王纪上》第五章第四节、第十一章第二十五节中亦分别采用这种译法。作为一个带有冠词的专有名词，撒旦只出现在《旧约全书》的《约伯记》和《撒迦利亚书》第三章第一、二节中。但是，《撒迦利亚书》的真实性受到质疑，实际情况也许是潘恩只在《约伯记》中寻找撒旦这一专有名词时，采纳了他偶然读到的某位权威人士的观点，这些观点在他的段落中被压缩简化。——原书编者

伯来人所知道的著述截然不同。昴星、参星、北斗星这些天文学名词用的是希腊语，而非希伯来语；而且《圣经》中没有任何内容显示犹太人对天文学有任何了解或研究；在译入自己的母语时，他们并没有赋予这些名词相应的译名，而是采用了他们在诗歌中找到的名称[1]。

犹太人将非犹太民族的文学作品译入希伯来语，并将其与本民族文学杂糅，这一点毋庸置疑。以《箴言》第三十一章第一节为证：书中写道，利慕伊勒王的言语，是他母亲教训他的真言。本节是本章后续箴言内容的引言，它不是所罗门的箴言，而是利慕伊勒王的箴言；这位利慕伊勒王并非以色列王，也非犹大王，而是他国君主，因而属于非犹太人或非犹太教徒。然而，犹太人采纳了他的箴言，因为他们无法解释《约伯记》作者是何人，也无法解释他们如何获得此书；又因为该书与希伯来著作在特性上存在差异，且与其前前后后《圣经》中的其他所有书卷都毫无关联，所有这些间接性证据都表明，它原本就是一部属于非犹太人或非犹太教徒的著述。[2]

---

[1] 对潘恩提出批评的犹太评论家大卫·利维紧紧抓住这一错误（见《为〈旧约全书〉辩护》一文，1797年，第152页）。原文中的名称分别是 Ash（北斗星）、Kesil（参星）与 Kimah（昴星）；不过，美国标准版《圣经》中对星群的鉴定也遭到了质疑。——原书编者

[2] 《箴言》第三十章以亚古珥真言为人所知的一段祷辞——就位于利慕伊勒真言之前——是《圣经》中唯一合情合理、逻辑严密和通顺清晰的祷辞，看上去极像从非犹太人那儿挪用而来。亚古珥这个名字仅出现在此处；他本人连同被（转下页）

《圣经》编纂者们和时间调校者以及为《圣经》编制年表的那些人，似乎在如何放置和处置《约伯记》这一问题上有些茫然无措，因为此书不含有任何或许可以用来确定它在《圣经》中该位于何处的历史场景或影射性内容。这些人向世人暴露自己愚昧无知这一目的，它原本无法实现。因此，他们给它贴上时间——公元前1520年前后，这一期间以色列人身在埃及，在这一点上他们所具有的权威，与我说的"要比这早一千年"这种话所具有的权威一样值得怀疑。然而，它很有可能比《圣经》中的任何书卷都要古老，而且它是唯一一部人们读来不觉愤慨或反感的著作。

我们对犹太人时代之前的古代非犹太人或非犹太教徒（他们被如此称谓）的世界一概不知，他们所从事的就是诽谤和抹黑所有其他民族。我们把他们称作"异教徒"，沿袭的正是犹太人的说法。然而，据我们后来得知，事实恰恰与此相反，他们是公正道德的民族，而且并不像犹太人那样痴

（接上页）认为由他所作的祷辞的引入方式，与利慕伊勒及其真言在下一章的引入方式毫无二致，词句也几近雷同。第一节说的是："雅基的儿子亚古珥的言语就是真言。"此处"真言"（prophecy）的用法与下一章利慕伊勒真言中的用法相同，不含有任何预告之意。亚古珥真言第八节与第九节："求你使虚假和谎言远离我。使我也不贫穷、也不富足，赐给我需用的饮食。恐怕我饱足不认你，说，耶和华是谁呢？又恐怕我贫穷就偷窃，以致亵渎我，神的名。"此处没有任何犹太人祷辞的痕迹，因为犹太人仅仅只在身陷困境时祷告，且仅仅为胜利、复仇或财富而祷告。［《箴言》第三十章第一节与第三十一章第一节：这两节中的"prophecy"在修订版中分别被译为"oracle"（神谕）与"burden"（默示）。潘恩曾在其为税吏所写的陈情书中援引亚古珥真言。——原书编者］

迷于残忍行径和复仇之事，只不过他们的信仰不为我们所知罢了。他们的习俗似乎是为美德与邪恶雕形塑像，如同我们今日的雕像和绘画艺术；这种行为并不能说明他们比我们更崇尚偶像崇拜。下面我将继续分析。

关于《诗篇》，没有必要对该书卷进行太多分析。有一些章节合乎道德，另一些充满深仇大恨；绝大部分内容是有关成书之时犹太民族的某些地方状况，这些与我们毫不相干。然而，将其称为"大卫所写的诗篇"，这是错误的。它是一部诗集，如同我们今日的歌谣集，由生活在不同时代的不同词曲作者写成。《诗篇》第一百三十七首写于大卫王时代结束四百多年之后，因为它纪念的是一桩历史事件——犹太人被掳往巴比伦城，此事发生的时间即为如此。

"我们曾在巴比伦的河边坐下，一追想锡安就哭了。我们把琴挂在那里的柳树上。因为在那里掳掠我们的，要我们唱歌，抢夺我们的，要我们作乐，说，给我们唱一首锡安歌吧。"

就像有人会对一个美国人，或法国人，或英国人说，给我们唱一首你们的美国歌，或法国歌，或英国歌吧。这段记述，就本首诗的写作时间而言，除了具有揭示全世界人民在《圣经》作者是何人这一问题上都受到蒙骗（以及其他上文提到）的作用之外，别无它用。它字里行间对时间、地点和情境并不关注丝毫；若干人的姓名被附加于这几部书卷，而实际由他们撰写的可能性，无异于一个活生生的人走在为他自己送葬的队伍之中的概率。

接下来讨论《箴言》。与《诗篇》一样，它是一部合集，而且该书作者如我在分析《约伯记》时所示，他们属于其他民族而非犹太人。此外，有一些被认为是所罗门所说的箴言，要到所罗门身故两百五十年之后才出现，因为第二十五章第一节如是说："以下也是所罗门的箴言。是犹大王希西家的人所誊录的。"所罗门王时代与希西家王时代之间相隔二百五十年。当一个人声名赫赫、内外皆知时，许多他不曾说过的话或不曾做过的事都会被安在他头上；这种事很可能就发生在所罗门身上。编制箴言在当时似乎已成为一种社会风尚，就像现在编制笑话集并将其安在那些从未见过它们的人身上一样。①

《传道书》同样被认为是出自所罗门之手，这种观点倘若不是基于事实，理由也是很充足的。它是一位精疲力竭的浪荡子——如所罗门其人正是如此——孤独的沉思。此人回首他无法再度贪欢的一幕幕场景，大声疾呼一切都是虚空！大量的隐喻和观点都是含混不清的，极有可能是因翻译之

---

① 伦敦市面曾出现一部《托马斯·潘恩笑话集》，潘恩与之毫无瓜葛。——原书编者

故；不过有足够迹象表明，这些含混不清的词句在原文中被着力强调。①从我们对所罗门这个人的了解来看，他机敏睿智、好大喜功、荒淫无度，最后才是多愁善感。他晚年骄奢淫逸，死时厌倦尘世，年五十八。

一个男人有七百个正妻和三百个妃嫔，这比他孤家寡人还要糟糕。虽然表面看上去无限欢愉，实则扼杀了一切由爱而生的幸福，因为雨露均沾会导致没有任何一处是爱的归巢。被瓜分的爱永远不会产生幸福。这就是所罗门的境遇。倘若凭借他深以为傲的全部智慧尚且不能预知这一点，那么他后来承受的磨难屈辱都是咎由自取，不足为惜。从这个角度而言，他的说教是多此一举，因为欲知后果如何，只需知晓前因即可。七百名正妻和三百名妃嫔，她们组成了何其庞大的后宫，足以占据这整本著作。在此之后说什么一切都是虚空、都是捕风，这都是多余的，因为我们不可能从那些被我们剥夺了幸福的人们身上收获幸福。

为了晚年的安乐，我们有必要使自己习惯于那些能陪伴我们心灵直至生命终结的事物，至于其他的，还是且当彼此皆过客的好。一味贪图享乐的人，到年老之时是悲惨可怜的；一味埋头苦干也好不到哪里去。纵然有教士们令人沮丧的说教、有迷信扰乱我们的心扉，自然哲学、数学和力学却

①那些望向窗外的人将会大惑不解，因目不能视而在翻译里看到的，只是一个模糊的影子。

能给心灵带去源源不断的宁静喜乐，对这些事物的研习才是真正的神学研究。后者教导人类如何认识和敬仰我们的造物主，因为科学原理就存在于万物之中，亘古不变且有着神圣的起源。

那些了解本杰明·富兰克林的人会记得，他的心灵永远朝气蓬勃；他的性情始终安详平和；永不褪色的科学一直是他的红颜知己。他从未失去目标，因为当我们失去目标，我们就会变得像那些瘫痪在医院病床一味等死的人一样。

所罗门的歌淫秽而愚蠢，但是人们心中盲目的狂热歪曲了事实，称之为"雅歌"。《圣经》编纂者们把这些歌放在《传道书》之后：为《圣经》编制年表的人为之附注的时间是公元前 1014 年。据同一年表，此时所罗门年十九岁，并正在组建他庞大的后宫。《圣经》编纂者和年表编制者们当初应该把此事处理得更好一些，要么在时间方面不置一词；要么既然认为这些歌具有神圣性，那么就选一个与之没那么不相符的时间，因为所罗门当时正沉浸在与数千名女子的淫乱狂欢之中。

他们原本应该想到的是，他是在这些歌出现许久以后才写下了《传道书》——倘若的确是他所写——他在书中感叹一切都是虚空、都是捕风，并在相关描述中提到了这些歌。这一点可能性更大，因为在《传道书》第二章中他说，或者另有其人替他说，我得了歌男歌女（很可能是为了唱这些歌曲），还有各种乐器；（第十一节）"谁知都是虚空，都是捕风。"然而，编纂者们的任务只完成了一半，因为他们既然给了我们这些歌，就应该一并给出曲调，这样我们才有可能唱得出来嘛。

被称为"先知书"的几部著作构成了《圣经》剩余部分的全部内容。十六位先知，以赛亚起始，玛拉基收尾；我在分析《历代志》时已列出各先知之名。这十六位先知中，除了最后三位，其余全部生活在《列王纪》和《历代志》的成书时代；而只有两位——以赛亚和耶利米——在这些书卷所述的历史中被提及。我首先要探讨的便是这两位；至于被称为"先知"的那些人普遍具有的特性，我将留待其他部分另行讨论。

任何人倘若能够不厌其烦地阅读被归为以赛亚所写的这部书卷，都会发现它是一部在行文结构上最为混乱不堪的著作之一。它既没头没尾，也没中间内容。除了一小部分涉及历史以及第二章或第三章中对历史的几句概述，它就是被人强行拼凑在一起、东拉西扯、夸夸其谈又慷慨激昂的演说辞，充斥着空洞浮夸的比喻，百无一用且没有任何意义。倘若一个学童写出这种东西来，几乎都无法获得他人的原谅。这种行文和不入流的品位（至少在翻译中）恰恰就是人们口中常说的，颠三倒四的疯人疯语之作。

涉及历史的内容出现在第三十六章，一直延续到第三十九章末尾。里面记述了一些据说是发生在犹大王希西家统治期间的事件，以赛亚即是生活在这一时代。这段历史残片的叙述开始和结束都非常突然；它与前后章节都没有一丝关联，与书中其他章节亦是如此。很可能是以赛亚本人撰写了这部分内容，因为他是此次记述的历史事件的参与者。除此之外，书中几乎没有哪两章之间还存在任何关联。

所有章节中，有一章在其第一节起始处被定名为"巴比伦的默示"；此外还有"大马色①的默示"、"埃及的默示"、"海旁旷野的默示"、"异象谷的默示"。就像我们会说火焰山骑士的故事、灰姑娘或水晶鞋的故事、林中睡美人的故事，诸如此类。

我在分析《历代志下》最后两节与《以斯拉记》头三节时已经表明，《圣经》编纂者们在匹配书卷与其作者时犯了张冠李戴的错误。即便没有其他谬误，单单这一点便足以毁掉一部编纂作品的可靠性，因为这比推测性证据更有力地证明了：编纂者们实则并不知道那些书卷的作者是何人。一个非常明显的例子出现在被认为是以赛亚所写的这部著作中：第四十四章后半部分以及第四十五章开头部分，非但其作者不是以赛亚，反而只能是由生活在以赛亚过世至少一百五十年之后的某个人所写。

_____

① 今译大马士革。——译者

这些章节是对波斯王古列①的赞誉，如《以斯拉记》所言，正是此人允许以色列人从巴比伦返回耶路撒冷，建造耶路撒冷和圣殿。《以赛亚书》第四十四章最后一节与第四十五章第一节内容如下：

> "论古列说，他是我的牧人，必成就我所喜悦的，必下令建造耶路撒冷，发命立稳圣殿的根基。我耶和华所膏的古列，我搀扶他的右手，使列国降伏在他面前，我也要放松列王的腰带，使城门在他面前敞开，不得关闭，我对他如此说，我必在你面前行。"

教会如此胆大妄为、教士们如此愚昧无知，竟然欺骗世人说这部著作是以赛亚所作，因为根据他们自己编制的年代表，以赛亚在希西家王于公元前 698 年死后不久便离世，而古列王通告全国允许以色列人返回耶路撒冷的诏令——据同一份年表所示——是在公元前 536 年，两者相距一百六十二年。我并不是说《圣经》编纂者们造出了这些书卷，而是认为他们拣选了一些不甚严谨的匿名文章，尔后为最大程度契合一己之目的，将这些文章一并归入某些作者名下。他们怂恿了这种欺名盗世的行为，几乎与始作俑者无异；因为要说

① 另译塞勒斯或居鲁士。——译者

他们不曾注意到，那是绝无可能的事。

这部有着学童般雄辩浮夸之作，撰经者们强行使其中的字字句句都服务于由一个处女之身受幽灵感应而生的上帝之子这一可怕又怪诞的概念；当我们洞察到他们这么做时处心积虑耍出的诡计，我们有相当充分的理由怀疑这是骗人的把戏。字里行间充满了由迷信引起的、对词句意义妄加曲解的野蛮干涉的痕迹，将其原本不可能具有的涵义硬塞其中。每一章开头、每一页起首都拿基督和基督教之名加以粉饰，粗心大意的读者可能还没开始阅读就已被牢牢吸附住，无从脱身。

"必有童女怀孕生子"（《以赛亚书》第七章第十四节），这句话被解释为此子名叫耶稣基督，他的母亲名叫马利亚，并被众基督徒唱和了超过一千年之久。这一观念是如此势不可挡地横扫了一切，它本身几乎没有瑕疵，却被鲜血玷污，也因为它而留下了一地荒漠的痕迹。虽然在这种问题上与人争辩并不是我的本意——我仅仅意在揭示《圣经》实属伪作，由此通过推翻其立足之基，进而同时推翻从中产生的整座迷信大厦——然而，我还是要暂作片刻停留，以便揭示这句话所具有的错误寓意。

以赛亚是否在捉弄犹大王亚哈斯——这句话是说给亚哈斯王听的——这与我不相干。我的目的只在于表明，这句话被误用了，它对基督及其母亲的意义并不会多于它对我及我母亲的意义。这个故事所讲的，不过就是如下这些内容：

亚兰王利汛和以色列王比加（我在上文提到，原先统一的以色列王国分裂，其一被称为犹大国，都城在耶路撒冷；另一即为以色列国）结成同盟攻打犹大王亚哈斯，率领大军直扑耶路撒冷。亚哈斯与其臣民全副武装待敌。书中写道（《以赛亚书》第七章第一节）："王的心和百姓的心就都跳动，好像林中的树被风吹动一样。"在这样的形势下，以赛亚亲自传话亚哈斯，借上帝之名（这是所有先知的套话："主耶和华如此说"）让他安心。为了使亚哈斯相信此事当真，以赛亚叫他向耶和华求一个兆头。这一点，书上说，亚哈斯拒绝照做；他给出的理由是，他不试探耶和华。对此，作为传话人的以赛亚说（第十四节）："因此，主自己要给你们一个兆头；必有童女怀孕生子；"第十六节又说：

> "因为在这孩子还不晓得弃恶择善之先，你所憎恶的那二王之地（意指亚兰王与以色列王统治之地），必致见弃。"

这便是那个兆头以及被限定的、兑现保证或承诺的时间，即在这孩子还不晓得弃恶择善之前。

以赛亚既然已经承诺如此，为了避免自己落得个假先知的名声，他就有必要采取措施让这个兆头最终出现。任何时候在这世上找到一位怀有身孕或者让她怀孕的姑娘，这肯定不是什么难事。或许以赛亚在此之前就知道有这么一位姑娘，因为我觉得，那个时代的先知们并不比今日这些教士们更值得信赖。然而无论如何，即便如此，他在下一章第二节又说：

> "我要用诚实的见证人，祭司乌利亚和耶比利家的儿子撒迦利亚记录这事，我以赛亚与女先知同室，她怀孕生子。"

这就是那孩子与童女的故事，真是荒谬可笑。而恰恰就是在这个故事厚颜无耻且反常的基础上，《马太福音》以及后世恬不知耻、唯利是图的教士们建立起了一套理论，他们美其名曰"福音书"，并把这则故事用来预示他们所称的耶稣基督的诞生。他的诞生——在这则荒唐的故事出现七百年之后——他们说，乃归功于他们称为"圣灵"的幽灵，感应一位彼时已经是未婚妻、后来嫁作人妇的女子，他们称为"童贞女"。这一套理论，就我个人而言，我是毫不怀疑或者可以毫不迟疑地说：上帝有多真实，它就有多令人难以置信、有多虚假。①

---

① 《以赛亚书》第七章第十四节提到，这孩子应起名叫以马内利；然而这个名字既没有给童贞女的孩子，也没有给女先知的孩子，正如这个词本身所示，它只被当作一个字符。女先知的孩子名叫玛黑珥沙拉勒哈施罢斯，马利亚的孩子名叫耶稣。

为了表明以赛亚撒谎欺骗世人，我们只需要看看故事的结局便一清二楚。虽然《以赛亚书》对此闭口不谈，《历代志下》第二十八章却有相关记述，那就是：这两位君王在结盟攻打犹大王亚哈斯时，非但没有如以赛亚假借上帝之名预言的那样战败，反而大获全胜。亚哈斯和以色列众人败亡了：十二万百姓惨遭屠戮，耶路撒冷被劫掠一空，二十万妇女儿童被囚掳。以赛亚就是这样一个谎话连篇的先知和骗子，以他名字命名的先知书同样错谬百出。接下来我将分析的是《耶利米书》。

名为耶利米的这位先知生活在巴比伦王尼布甲尼撒二世围困耶路撒冷的时代，当时属于犹大王朝最后一位君王西底家统治时期。这位君王有充当本民族叛徒、为尼布甲尼撒二世效力的极大嫌疑。所有关于耶利米的记述都表明，他是一个模棱两可的人物。在他有关陶器和陶土的譬喻中（第十八章），他极为巧妙地为自己所作的预言留下了充分的转圜余地，以防世事与他所预料的相悖。在第七、八两节，他借上帝之口说：

> "我何时论到一邦或一国，说，要拔出、拆毁、毁坏。我所说的那一邦，若是转意离开他们的恶，我就必后悔，不将我想要施行的灾祸降与他们。"

这是一则针对两种情况其中之一的限制性条款，且看其二：第九、十节：

"我何时论到一邦或一国，说，要建立、栽植。他们若行我眼中看为恶的事，不听从我的话，我就必后悔，不将我所说的福气赐给他们。"

这是针对第二种情况的附带条件。照这么个预言之法，不论上帝可能犯下多么离谱的错误，先知永远都不会出错。这种荒唐的遁词诡计以及这种妄论上帝的态度口气——像是随意谈论某个乡野莽夫——除了验证《圣经》的愚不可及，别无其他。

至于此书的真实性，我们只需一读便知。虽然书中所载的某些节段可能是耶利米所说，但他不是书卷的作者。有关历史的记述——倘若它们能被称为历史——最混乱不清。同一件事被重复多次，叙述方式却各不相同，有时甚至彼此矛盾，这种混乱甚至贯穿至最后一章。本书大部分篇幅用来讨论的那段历史又从头开始讲述，且结束得非常突然。这部著作看起来极像是关于当时的人与事，但彼此之间没有关联的轶闻的杂合，其手法之简单粗暴，就像人们把各种新闻报纸上能找到的有关今日的人与事的各种各样互相矛盾的报道混杂一处的做法一样，且不标注日期、顺序，也不附以解释说明。我将给出两三个此类例证。

从第三十七章的记述看来，尼布甲尼撒二世率领的军队——被称为迦勒底人的军队——已经围困耶路撒冷一段时日。听闻法老的军队已经从埃及出来，他们便拔营暂时离开耶路撒冷。此处为了理解这段混乱的历史，我们应该适时在这里补充说明的是：尼布甲尼撒二世在西底家王的前任约雅斤王在位时，曾经围攻并拿下了耶路撒冷，是尼布甲尼撒二世立了西底家为王——确切而言是封他当总督。此次《耶利米书》提到的，是第二次围攻，乃是因西底家背叛尼布甲尼撒二世而起。这在某种程度上能解释为何耶利米具有投降尼布甲尼撒二世的嫌疑——耶利米在第四十三章第十节称尼布甲尼撒二世为"上帝的仆人"。

第三十七章第十一至十三节写道：

"迦勒底的军队，因怕法老的军队，拔营离开耶路撒冷的时候，耶利米就杂在民中出离耶路撒冷，要往（本节如是说）便雅悯地去，在那里得自己的地业。他到了便雅悯门那里，有守门官名叫伊利雅是哈拿尼亚的孙子、示利米雅的儿子。他就拿住先知耶利米，说，你是投降迦勒底人哪。"

然后耶利米说，你这是谎话，我并不是投降迦勒底人。耶利米被拿下并被控有罪，被人押解到首领那儿，一番审问之后，因为有投降的嫌疑而被投入监牢。如本章最后一节所言，他被一直囚禁在那里。

紧接着下一章记述了耶利米的囚禁，但它与前章内容并无关联，而是把他被囚之事归因于另一缘由，为此我们必须回到第二十一章。此章第一节提到，西底家王打发玛基雅的儿子巴施户珥和玛西雅的儿子祭司西番雅去见耶利米，询问有关尼布甲尼撒二世之事，后者的大军当时正在耶路撒冷城前。耶利米对他们说（第八节）：

> "你要对这百姓说，耶和华如此说，看哪，我将生命的路和死亡的路摆在你们面前。住在这城里的，必遭刀剑、饥荒、瘟疫而死；但出去归降围困你们迦勒底人的，必得存活，要以自己的命为掠物。"

有关这次面谈的叙述，在第二十一章第十节突然中断。本书就是如此混乱，我们不得不越过中间涉及各种话题的十六个章节，去继续了解关乎此次面谈的信息。如我前文所示，这就把我们带到了第三十八章第一节。本章开头便说：

> "玛坦的儿子示法提雅、巴施户珥的儿子基大利、示利米雅的儿子犹甲、玛基雅的儿子巴示户珥（此处人数比第二十一章提到的要多）听见耶利米对众人所说的

话，说，耶和华如此说，住在这城里的，必遭刀剑、饥荒、瘟疫而死。但出去归降迦勒底人的，必得存活，就是以自己命为掠物的，必得存活；"（此话是耶和华面授耶利米之言），因此，（他们对西底家说，）"求你将这人治死，因他向城里剩下的兵丁和众民说这样的话，使他们的手发软。这人不是求这百姓得平安，乃是叫他们受灾祸；"（然后第六节又写道，）"他们就拿住耶利米，下在玛基雅的牢狱里。"

以上两段记述各有不同且自相矛盾。前者将耶利米被囚一事归因于他试图潜逃出城，后者则归因于他对城中兵丁民众的告诫和预言；前者说他被守门官所抓，后者说他在西底家面前遭到在场众人指控被抓。①

---

① 我注意到《撒母耳记》有两章（第十六章与第十七章）在有关大卫王如何结识扫罗的记述方面存在前后矛盾，与此处《耶利米书》第三十七章与第三十八章对耶利米被囚原因各执一词的情况类似。

《撒母耳记上》第十六章提到，有恶魔从耶和华那里扰乱扫罗，他的臣仆就给他建议（破解之法），找"一个善于弹琴的来"。第十七节扫罗说，"你们可以为我找一个善于弹琴的，带到我这里来。其中有一个少年人说，我曾见伯利恒人耶西的一个儿子善于弹琴。是大有勇敢的战士，说话合宜、容貌俊美，耶和华也与他同在。于是扫罗差遣使者去见耶西，说，请你打发你放羊的儿子大卫到我这里来。然后（16；21）大卫到了扫罗那里，就侍立在扫罗面前。扫罗甚喜爱他，他就作了扫罗拿兵器的人。（16；23）从神那里来的恶魔临到扫罗身上的时候，大卫就拿琴用手而弹，扫罗便舒畅爽快，恶魔离了他。"

然而，其后一章（第十七章）就扫罗与大卫如何相识给出了与上述截然不同的说法。此处将其归结为大卫与非利士人对战，大卫领父亲之命前去辎重营给兄长们送食物。本章第五十五节写道："扫罗看见大卫去攻击非利士（转下页）

在《耶利米书》下一章（即第三十九章）中，我们会发现本卷存在的另一混乱之处。因为尼布甲尼撒二世围攻耶路撒冷一事是前面多个章节记述的主题，其中尤以第三十七、三十八章为甚，然而第三十九章开篇谈及此事的口吻像是前文只字未提，像是读者仍有待告知一切细枝末节似的。书中是这么说的（第一节）：

> "犹大王西底家第九年十月，巴比伦王尼布甲尼撒率领全军来围困耶路撒冷。"

不过，本卷末章在这方面更为明显，因为虽然这个故事已经被翻来覆去讲了若干遍，本章仍然假定读者对此全然不知。本章第一节是这么说的：

> "西底家登基的时候，年二十一岁。在耶路撒冷作王十一年。他母亲名叫哈慕他，是立拿人耶利米的女儿。"

（接上页）人，就问元帅押尼珥说，押尼珥阿，那少年人是谁的儿子。押尼珥说，我敢在王面前起誓，我不知道。王说，你可以问问那幼年人是谁的儿子。大卫打死非利士人回来，押尼珥领他到扫罗面前，他手中拿着非利士人的头。扫罗问他说，少年人哪，你是谁的儿子。大卫说，我是你仆人伯利恒人耶西的儿子。"以上两段叙述互打掩护，因为都假定扫罗与大卫在此之前并不相识。《圣经》这本书实在荒谬至极，不值一论。

再看第四节：

> "他作王第九年，十月初十日，巴比伦王尼布甲尼撒率领全军来攻击耶路撒冷，对城安营，四围筑垒攻城。"

这部著作不可能单独由某一个人，尤其不可能由耶利米撰写。这些错误如此显而易见且低级浅陋，任何正儿八经坐下来写作的人都不可能犯这种错误。倘若我或者任何其他人以如此颠三倒四的方式写文章，没有人会去细读书中写的什么内容，所有人都会认为作者神志不清。因此，唯一能解释这种混乱的说法是：此书乃是由某个愚不可及的造书分子以耶利米之名把彼此孤立、未经证实的轶闻加以混杂的结果，因为诸多章节都涉及他以及他所生活的时代背景。

关于《耶利米书》重复而无用的叙述和耶利米多次错误的预言，我将举出两例以作说明，然后再行讨论《圣经》其余书卷。

从第三十八章看来，耶利米身陷牢狱之时，西底家派人将他提领出来，在两人进行的一番密谈中，耶利米强烈建议西底家投降。他说（38：17）：

> "你若出去归降巴比伦王的首领，你的命就必存

活，这城也不至被火焚烧。你和你的全家都必存活。"

西底家担忧两人所谈的内容会被泄漏出去，于是他对耶利米说（38：25）：

> "首领（意指犹大国各首领）若听见了我与你说话，就来见你，问你说，你对王说甚么话，不要向我们隐瞒，我们就不杀你。王向你说甚么话，也要告诉我们。你就对他们说，我在王面前恳求不要叫我回到约拿单的房屋死在那里。随后众首领来见耶利米，问他，"（然后，）"他就照王所吩咐的一切话回答他们。"

如此，这位所谓的"上帝的神人"，在他认为符合一己之需时，他是会睁眼说瞎话的，或者说极尽闪烁其词。因为可以肯定，他不是自己走到西底家跟前提出这一请求的，他也没法这么做。他之所以去成了，是因为他被人从牢里提出来，然后抓住时机建议西底家归降尼布甲尼撒二世。

第三十四章第二至五节是耶利米向西底家所作的预言，其内容如下：

> "耶和华以色列的神说，你去告诉犹大王西底家，耶和华如此说，我要将这城交付巴比伦王的手，他必用

火焚烧。你必不能逃脱他的手，定被拿住，交在他的手中。你的眼要见巴比伦王的眼。他要口对口和你说话，你也必到巴比伦去。犹大王西底家啊，你还要听耶和华的话。耶和华论到你如此说，你必不被刀剑杀死。你必平安而死，人必为你焚烧物件[1]，好像为你列祖，就是在你以前的先王焚烧一般。人必为你举哀说：哀哉！我主啊。耶和华说，这话是我说的。"

然而，据第五十二章第十至十一节所言，西底家非但没有见到巴比伦王的眼、口对口与他说话、平安而死、人们为他焚香好像为他列祖焚香一般（耶利米宣称耶和华如此说），情形恰恰与此相反。书中说的是，巴比伦王在西底家眼前杀了他的众子，然后剜了西底家的眼睛，用铜链锁着他带到巴比伦，将他囚在监里直到他死的日子。

除了把他们视为骗子，我们还能有何评价？

至于耶利米，这些罪他一桩也没遭。他深得尼布甲尼撒二世的喜爱，后者把他交给护卫长尼布撒拉旦（第三十九章第十二节）：

"你领他去（他说），好好地看待他，切不可害

---

[1] 一译焚香或烧香。——译者

他。他对你怎么说，你就向他怎么行。"

此后，耶利米便归附了尼布甲尼撒二世，为他做预言，对抗为解耶路撒冷之围而出兵的埃及人。这就是另一位谎话连篇的先知和以他命名的书卷。

关于被归为以赛亚和耶利米所写的两部著作，我的研究更为细致些，因为这两位在《列王纪》和《历代志》中有被提及，其他则没有。剩下那些被认为是出自人称"先知"之手的书卷，我将不会大费周章地详细论述，而是将其作为一个整体，来剖析那些被称为"先知"的人的普遍特性。

在《理性时代》第一部中，我说过"先知"这个词在《圣经》中意指诗人，犹太诗人们奇谲隐晦的语言被荒谬地升华为如今人们所说的"预言"。我有充分的理由抱持这种看法，不仅因为名为"先知书"的那些著作是由富有诗意的语言写成，也因为《圣经》中除了先知并无任何其他词汇来指涉我们所说的诗歌。我还说过，这个词指的是以乐器伴奏的表演者，为此我举过一些例子：如一班先知一边鼓瑟、击鼓、吹笛、弹琴，一边受感说话，而扫罗列入其中（参见《撒母耳记上》第十章第五节）。从这段话以及《撒母耳记上》其他内容看来，先知这个词仅限于意指诗歌与音乐，因为倘若一个人被认为具有预知被掩盖的事物的能力，那么他不会被称为先知（prophet），而是先见（seer）① （参《撒母耳记上》第九章第九节）；直到 seer 这个词后来被废弃不用（最有可能是在扫罗驱逐了称他为"行巫术之人"的那些人之后），先见之职或者说先见之技才成为先知词义的一部分。

"先知"与"受感说话"的现代意义，指的是预先告知相当长时间之后的未来会发生什么事，于是"福音书"的编造者们就有必要将这层意思纳入其中，以便将他们所称的《旧约全书》中的各种预言应用到或延伸至《新约全书》中的各个时代。然而据《旧约全书》中的内容，从 seer 一词的涵义被整合到了 prophet 词义之中来看，先见与后来先知的预言，仅仅只涉及当时或与之非常接近的时代中所发生之事：诸如他们即将投身其中的一场战役或一段旅程，或即将进行的任何事项，或即将出现的任何境遇，或他们当时正身处其中的任何困境；所有这一切都与他们自身直接相关（如上文提到的亚哈斯与以赛亚有关基督诞生的表述："必有童女怀孕生子"），而并不涉及任何遥远的未来时代。这种预言，恰恰相当于我们所说的江湖算命：譬如算算出生地、预测财

---

① 我不知道英语"先见"一词在希伯来语中的对等语，但是我发现勒·沃杨将其译入法语时与 see 对应的是 voir，意思是看见之人或先见。《撒母耳记上》第九章对先见的希伯来语音译是 chozéh，意即 gazer（见者），在《以赛亚书》被译为"stargazer"（"看星宿的"）。

富与幸福或不幸的婚姻、求问失物，等等。把那些吟诗作赋、弹琴奏乐、求神问鬼、耽于幻想、四处游荡的家伙们吹捧到从那以后他们一直享有的尊位之上的，并非犹太人设下的什么骗局，而是通过基督教会的阴谋；并非古代人有什么愚昧或盲目之处，而恰恰就是现代人的无知与迷信才让他们最终奸计得逞。

除了所有先知们都具有的普遍特性，他们同样各有特色。他们属于不同的支派，根据其所在的支派相应作出有利或不利的预言，一如今日那些有诗才和政治才能的作家们为其所在的阵营摇旗呐喊，而对敌对党派恶语相向。

在犹太民族分裂为犹大国与以色列国之后，双方各有自己的先知，他们互相攻讦谩骂，指责对方是冒牌先知、撒大谎的先知和骗子，诸如此类。

犹大国的先知做预言攻击以色列国的先知，以色列国的先知做预言攻击犹大国的先知。在王国分裂之初，这种各自为阵做预言的行为就即刻出现在了两个彼此敌对的君王罗波安与耶罗波安统治时期。诅咒或做预言攻击耶罗波安建于伯特利的神坛的那位先知，属于罗波安为王的犹大国；他在归途中被一位以色列国的先知骑驴赶上，后者问他（《列王纪上》第十三章）："你是从犹大来的神人不是？他说，是。"然后这位以色列国的先知对他说："我也是先知，和你（指犹大国的先知）一样。有天使奉耶和华之命，对我说，你去把他带回你的家，叫他吃饭喝水。这都是老先知诓哄他（第十八节）。然而，结果据故事所述，那位犹大国的先知永远回不去犹大国，因为他受了以色列先知的哄骗被发现死在了路上；后者毫无疑问被他所在的国家称为"真正的先知"，而犹大国的先知则被他们称为"满口谎言的先知"。

《列王纪下》第三章中一段有关做预言或行巫念咒的记述中，有好几处细节都揭示了先知的特性。犹大王约沙法与以色列王约兰曾经有段时间暂且搁置国家仇恨，二人结盟连同以东王共同攻打摩押王。故事说道，大队人马集结行进后，他们口渴难耐，为此约沙法说，

> "这里不是有耶和华的先知么，我们可以托他求问耶和华。以色列王的一个臣子回答说，这里有约沙法的儿子以利沙。（以利沙属于犹大国。）犹大王约沙法说，他必有耶和华的话。"

然后故事说道，于是以色列王和约沙法并以东王都下去见他；而当以利沙（我已说过，他是犹大国的先知）看到以色列王，便对他说：

> "我与你何干。去问你父亲的先知和你母亲的先知吧。以色列王对他说，不要这样说，耶和华招聚我们这

三王，乃要交在摩押人的手里。"

意思是因为他们口渴难耐而处于不利境地，对此，以利沙说：

"我指着所事奉永生的万军耶和华起誓，我若不看犹大王约沙法的情面，必不理你、不顾你。"

这就是支派先知的全部恶毒与粗鄙之处。接下来我们要领教他们做预言的行为或方式（第十五节）：

"现在你们给我找一个弹琴的来（以利沙说）。弹琴的时候，耶和华的灵（原文作"手"）就降在以利沙身上。"

这是行巫念咒的把戏。紧接着做预言：

"以利沙便说，（极有可能和着他弹奏的曲调吟唱起来）耶和华如此说，你们要在这谷中满处挖沟。"

他所说的，即是任何乡下人在既没有琴也没有念咒把戏的情况下都能告诉他们的话：取水之道在于掘井。

然而，并非所有的行巫之人在同一件事情上拥有同样响亮的名声，这些先知亦是如此。因为虽然所有的先知，至少我提到的那些先知，都以擅长撒谎而著称，其中有一些尤其精于念咒。我刚刚提到的这位以利沙，他是此中高手。以耶和华之名诅咒被两只母熊撕裂吞吃的四十二个童子的，正是此人。我们会揣测，这些孩子是以色列国的孩子。然而，正如那些会诅咒的人同样也会撒谎，我们对以利沙两只母熊的这则故事抱以几分相信，就如我们对温特利之龙的故事一样，后者说的是：

> 他吞吃了三个可怜的孩子，
> 他们都不是他的对手；
> 他一把吞掉了他们三人，
> 就像人把个苹果吞下口。

　　还有一处有关所谓先知的描述，拿梦境和幻景自娱自乐。不过到底是晚间还是白天，我们不知道。这些东西不完全无害，也几乎没有恶意。其中就有《以西结书》和《但以理书》。关于这两部书卷的第一个问题，如对其他书卷一样，那就是：它们名副其实吗？意即，它们是由以西结和但以理所写吗？

　　是真是假，没有证据可以证明。不过就我个人来看，我更倾向于相信是由他们所写。我抱持这一观点的理由如下：首先，这两部著作不包含能证明它们并非由以西结和但以理所写的内部证据，不像那几部被认为是由摩西、约书亚、撒母耳等人所撰写的书卷，后者含有此类内部证据，证明并非其所写。

其次，它们成书于巴比伦之囚之后，而且我们有充分的理由相信，《圣经》中没有任何一部书卷写于该时期之前。从书卷本身含有的证据来看，至少可以证明的是——如我上文所示——它们都写于犹太君主政体出现之后。

再次，被认为由以西结和但以理所写的这两部书卷，其行文风格与此二人在写作时的境况相符合。

不计其数的注经人士和教士们愚蠢地把时间倾注或浪费在假装解释或阐发这些书卷之上。不过，倘若他们像以西结和但以理那样被掳被囚，那将会大大提高他们的智力，帮助他们更好地理解为何书中采用了这样一种写作模式，还能省下他们煞费苦心瞎编乱造的麻烦——他们就是这么做的，且没有任何目的。如此一来，他们就会发现，自己像那两人一样，被迫以一种隐晦的方式写下关于他们自己或友人的遭遇，或关于他们国家而不得不写的一切。

这两部著作与其他各卷皆有不同，因为只有它们充满了对梦境和幻想的叙述。这种差别乃是因为其作者当时的处境是作为战争俘虏或政治犯被囚禁在异国的监牢，这就迫使他们彼此之间不得不采用模糊和隐喻性的言辞，来传递哪怕是最微不足道的信息以及他们的一切政治计划或主张。他们假装做过一些梦、看见过幻象，因为谈论事实或用平白易懂的语言对他们来说是不安全的。然而，我们必须假定的是，他们书写的对象能理解他们想要传达的意思，而且他们并没有预计任何其他人也能做到这一点。不过，那些忙碌的注经人士和教士们绞尽脑汁一味操心的，只是要找出作者并未打算让他们读懂且与他们毫不相干的内容。

以西结和但以理是第一批被掳至巴比伦的囚徒，那是约雅敬统治时期；第二次发生在九年之后的西底家时期。当时的犹太人数目仍然非常庞大，且在耶路撒冷有着相当雄厚的实力。正如我们会很自然地认为，处于以西结和但以理这种处境中的人们，会尽心筹划重振自己的国家、谋求自由之身。当我们认为，这两部著作中俯拾皆是的梦境和幻景描述其实就是为达成这些目标而伪装的互通消息的方式，那也是合乎道理的：它充当的是暗号或密码。倘若不是这么回事，那这些叙述就是传说、幻想和废话；或者至少是一种打发乏味无聊的牢狱生活的怪异方式。不过我们的设想是，它们是前一种情况。

以西结在其书卷开篇提到，他看见天使异象，看到轮中套轮，他说这是他在自己被囚之地的迦巴鲁河边所见。如果我们认为，他用"天使异象"暗指他们在耶路撒冷城内立有天使雕像的神殿，用"轮中套轮"（此图案素来被视为具有政治计谋意味）暗指光复耶路撒冷的计划或方法，这有什么不合理之处？在此书后半部分，他想象自己被带到耶路撒冷并进入神殿；然后他回顾迦巴鲁河边的异象，他说（第四十三章第三节）："那异象如我在迦巴鲁河边所见的异象"；这就表示，那些假装的梦境和幻象是以光复耶路撒冷为目标，别无其他。

至于注经人士和教士们从这两部著作中生发出来的那些天马行空的解释和寓意——它们与这些人费力解释的梦境和幻景一样狂野无稽——并将它们乔装改扮成他们口中所称的预言，硬使其服从于时至今日那般遥远的未来的时代与形势，这种行径揭示的是人们的轻信盲从或者教士们的遮天本事会最终酝酿成什么样的骗局，或表现出人们怎样极端的愚蠢。

以西结和但以理所深陷的处境乃是，他们国破家亡，自己被俘敌营，所有的亲眷友人或被掳至异国丢进监牢，或在母国饱受奴役，或被屠戮灭尽，或危险悬顶时时如履薄冰。倘若有人认为，像以西结和但以理深陷如此困境的人没有别的事情可做，反而尽把时间和头脑倾注在思考他们辞世一两千年以后其他民族国家将发生什么事，那么我要说，没有什么比这种想法更荒谬可笑的了。而与此同时，没有什么比之更自然的看法则是：他们筹谋着如何收复耶路撒冷、如何重获自由，并且这是这两部著作中所有含糊的、表面看来语无伦次的文辞所背负的唯一目标。

这两部著作所采用的行文方式是作者不得已而为之，而非有意如此，从这个意义上来讲，这种方式并不是作者缺乏理性的表现。然而，倘若我们把它们当作预言书来用，那它们就是错误的。《以西结书》第二十九章第十一节在谈到埃及时写道："人的脚、兽的蹄都不经过，四十年之久并无人居住。"这种事从未发生过，因而它是错的，与所有我已剖析过的书卷一样。关于这个话题，我且言及于此。

在《理性时代》前半部中，我提过约拿以及他与大鱼的故事。倘若写它出来是为了让人相信真有其事，那它就是一则适合充当笑料的故事。又或者，倘若它被用来试探人们轻信盲从到何种地步，那它就是名副其实的笑话，因为倘若轻信的人们相信并写得出约拿与大鱼的故事，那他们对任何事情都能信以为真。

然而，正如上文对《约伯记》与《箴言》的分析所示，《圣经》中哪些书卷其原文是希伯来语或者只是从非犹太人的著述译入希伯来语，这一点并非总有把握确定。因为《约拿书》非但没有论及犹太人其人其事——在这个话题上只字未提——反而通篇讲述的是非犹太人的事，所以它更可能是一部非犹太人著作[①]，并且它被人写出来，乃是作为一则用

[①] 我曾经在一本古代波斯诗集（我认为是由诗人萨迪所作，但已忘记文献出处）中读到如下词句："这下大鱼把约拿吞了：太阳落山了。"——原书编者

来揭示谬论的寓言故事，并讽刺《圣经》先知或预测未来的祭司其凶残恶毒的特性。

约拿在最开始被描述为一个悖逆上帝旨意的先知，他避而不履行自己的使命，躲在一艘从约帕开往他施的非犹太人船上；就好像他天真地以为，要出这等不入流的小伎俩，他就能躲在耶和华找不到他的地方。船在海上行驶时，遇上狂风大作。所有的非犹太人水手都相信，这一定是船上某个人犯了罪受到审判，便一致同意抽签找出犯罪之人。于是抽出约拿来。而在此之前，为了使船轻便些，他们将船上的货物抛在海中。约拿呢，却像个蠢货似的在底舱躺卧沉睡。

抽签确定约拿就是犯罪之人后，众人问他是何人、以何事为业。他告诉他们，他是希伯来人；这则故事暗示着，他坦白自己是有罪的。然而这些非犹太人并没有立即毫不留情地将他献祭，像一帮《圣经》先知或祭司在同样情况下会对一个非犹太人做的那样，或像书中所记的撒母耳杀死亚甲、摩西杀死妇孺稚童那样；相反，即便危及自己的性命，他们仍然努力营救他，因为记述说的是：

> "然而（意即，虽然约拿是个犹太人和异邦人，给他们带来这所有的灾祸，害他们丢失了货物）那些人竭力荡桨，要把船拢岸，却是不能。因为海浪越发向他们翻腾。"

然而他们还是不愿处死这罪人，他们便求告耶和华说，

> "耶和华啊，我们恳求你，不要因这人的性命使我们死亡。不要使流无辜血的罪归与我们。因为你耶和华是随自己的意旨行事。"

意思是，他们不敢擅自判定约拿有罪，因为他有可能是无辜的；但是他们认为抽签抽中了他，那是上帝的旨意，或者那会中上帝的意。这段祷告表明，这些非犹太人尊奉一个至高无上的神，他们并非如犹太人所刻画的那样是偶像崇拜者。然而，波涛仍不平息，危险加剧，于是他们执行审判，把抽签抽中的约拿抛入海中，在海中——据这故事所言——一条大鱼将他整个生吞了！

我们现在不得不认为，约拿在大鱼腹中安然无恙，躲过了汹涌的波涛。此处我们被告知，他祷告了；但是这番祷告是生编硬造出来的祷告，从《诗篇》各处摘录拼凑起来的，上下文缺乏关联性或一致性：它被改编，以顺应那种苦恼，但却完全不符合约拿当时的处境。这种祷告连一个对《诗篇》略有所知的非犹太人都能为他摘抄出来。单单是这种处境——倘若没有别的情况——便足以表明，整个都是编造出来的故事。然而，这番祷告却被认为发挥作用了，于是故事继续发展（同时启用《圣经》先知所用的套语），说，

"耶和华吩咐鱼，鱼就把约拿吐在旱地上。"

于是，约拿收到第二次前往尼尼微大城的使命，带着这项使命他出发了。此刻我们不得不把他看作一位传道之人。人们会料想：书中说的他已经遭受过的磨难、因为悖逆上帝而招致这番磨难所留给他的回忆以及他被期望着能奇迹般地大难不死，这些都足以令他在履行使命时心中深怀怜悯与仁爱。然而实际并非如此，他带着谴责与诅咒进了城，大声宣告说，

"再等四十日，尼尼微必倾覆了。"

我们现在不得不看看这位被视作使者的人物在此项使命中的最后举动，这就是，一位《圣经》先知或预知未来的祭司的恶毒之心呈现出来的面貌，其具有的一切阴险邪恶，竟是人们认为属于他们所称的"恶魔"所具有的特性。

宣告了他的预言之后，他抽身而退，故事说道，去到了城东。做什么呢？不是静思感怀造物主对他或别人的仁慈，而是带着恶毒的焦躁不耐，等着看尼尼微大城毁灭。然而，故事接着讲到，尼尼微上上下下改邪归正了，于是上帝——据《圣经》所言——转意后悔，不把所说的灾祸降与他们了。这事，最后一章首节如是说，使约拿大大不悦，且甚发

怒。他那执拗冷酷的心啊，宁愿尼尼微全城尽毁，男女老少悉数丧命在灰烬之中，也好过他所做的预言落空。为了更鲜明地揭示先知的特性，耶和华安排一棵蓖麻在夜间生长，在他歇脚处为他做一个舒适的树荫遮蔽暴晒的日头；次日黎明它却枯槁而死。

在此，这位先知怒极，他准备好自取灭亡。"他说，我死了比活着还好。"这就引出了被认为是上帝与这位先知之间的告诫；在这番告诫中，前者说："你因这棵蓖麻发怒合乎理么？"约拿说："我发怒以至于死都合乎理。"然后耶和华即说：

> "这蓖麻不是你栽种的，也不是你培养的。一夜发生、一夜干死你尚且爱惜。何况这尼尼微大城，其中不能分辨左手右手的有十二万多人，并有许多牲畜，我岂能不爱惜呢？"

这则寓言故事的讽刺意味和道德意味在此处宣告完结。作为一部讽刺作品，它抨击了所有《圣经》"先知"的特性，抨击了所有不分青红皂白加诸于男女婴童的审判，此种审判在《圣经》这部谎话连篇的著作中比比皆是：如诺亚的大洪水、所多玛城和蛾摩拉城的毁灭、迦南人的灭绝净尽，连襁褓中的婴儿、身怀六甲的妇人都不得幸免；"其中不能分辨左手右手的有十二万多人"，意即孩童也遭遇了相同的劫难。此外，它还讽刺了被想象出来的造物主对某个民族的偏袒之心。

作为一部道德之作，它宣扬的是反对做预言时心怀恶意，因为当某个人预言有坏事发生，他就会倾向于希望如愿。判断正确带给他的荣耀，令他心肠变硬，直到最后他欣慰地眼见预言变成事实，或者失望地看到自己预言失败。此书结尾强烈且极有针对性地痛斥了先知、预言以及不加分辨的审判，与本杰明·富兰克林在其论述《圣经》的章节中谈到亚伯拉罕与陌生人时的做法一样，结尾鞭挞了宗教迫害的不容异己之风——关于《约拿书》，我言及于此。①

有关《圣经》中富有诗意的部分——即被称为"先知书"的著作——我在《理性时代》第一部分已经有所论述，且上文也提到，"先知"一词在《圣经》中乃是用来指代诗人，且在这些诗人所作的奇谲隐晦之语中，有许多因为时过境迁而变得晦涩难懂，它们被升格为所谓的"预言"，并被用以实现其作者从未想到过的某些目的。当某个教士引用其中任何节段时，他使它顺应一己之意，并把如此生成的阐释作为作者的本意，欺瞒聚集在他眼前的众位信徒。巴比伦的

---

① 此处归为富兰克林所写的"亚伯拉罕与火之崇拜者"的故事，乃是源自波斯诗人萨迪（详见我所编的《宗教典籍选》第 61 页）。潘恩常常被称为一个"十足嘲笑他人的人"，但对于这部极易受到浅薄的读者嘲弄的《约拿书》，他似乎是最先郑重其事对待它的人之一，他还在这部书里发现了《旧约全书》对上帝的所有描述中最令人欣喜的刻画。——原书编者

那位妓女是所有祭司共享的妓女，而所有的祭司互相指责对方独占了她，他们在各自的阐释中同样如此高度一致。

剩下未评的就只有少数几部书卷了，他们称之为由不那么重要的几位先知写成的"小先知书"；既然我已经表明更重要的那几位"大先知"都是骗子，那么我若是再扰了这几位"小先知"的清静，则是一网打尽、永绝后患的怯懦之举了。就让他们安睡吧，在他们奶娘的怀抱里安睡，让那些祭司和这两类先知一同被人们遗忘。

至此，我已经从头至尾论遍《圣经》，就像一个人肩扛利斧穿过林地砍倒一棵棵大树。这些树就这样倒在地上；倘若做得来，教士们可能会重新栽种。或许他们还会将这些树钉牢在土里，但他们永远都无法让其生长。下一章，我将接着讨论《新约全书》。

第二章　论《新约全书》

他们告诉我们,《新约全书》建立在《旧约全书》的基础上;倘若果真如此,那它定然将重蹈其基础之覆辙。

一个女子在嫁为人妇之前怀有身孕,并且她所生的儿子将会被处死——甚至是不公平地被处死——这并不是什么非同寻常之事。既然如此,我想不出有什么理由不去相信世上有一个像马利亚这样的女人和像约瑟与耶稣这样的男人。单就他们的存在而言,那是无足轻重的。我们没有什么根据去选择相信或不相信,这种事可能就属于常见的"或许如此,那又如何?"的范畴。然而,很有可能世上确实有过这样一些人,或者至少在部分情况下与之有相似之处的一些人,因为几乎所有传奇性的故事都是受到了某些真实事件的启发而写成。正如无一字真实之言的《鲁宾孙漂流记》,乃是作者受到苏格兰水手亚历山大·赛尔柯克的事迹启发而写成的。

如此说来,我操心的不是这些人物存在或不存在的问题;我操心的,是《新约全书》所讲述的耶稣基督传说以及由此生发出来的不着边际、不切实际的教义,这也是我所驳斥的教义。这个故事，照《新约全书》所记述的来理解，是对上帝的亵渎，且淫秽可鄙。它讲述的是一个已经订婚的年轻女子，在已有婚约的情况下——用平白简单的话来讲——被一个幽灵诱奸，凭借的是一个渎神不恭的托辞，即（《路加福音》第一章第三十五节）：

> "天使回答说，圣灵要临到你身上，至高者的能力要荫庇你。"

即便如此，约瑟后来还是娶了她，待她如妻子，与她共同生活，并且轮到他与那幽灵一较高下。这是用人们听得懂的语言重新组织这则故事，用这种方式讲述时，这世上没有一个教士会不以为耻。[①]

不论人们如何粉饰太平，信仰中存在的淫秽之物总是神话和欺诈的标志。为了我们对上帝严肃庄重的信仰，我们有必要不使其与最终会导致人们产生荒谬可笑的诠释的那些故事发生关联——就像此处这则故事一样。这一则故事显然同朱庇特与丽达、朱庇特与欧罗巴，或朱庇特任何一桩风流韵事都属于同一类。如《理性时代》第一部已经言明的，它揭示的是基督教信仰乃是建立在异教徒的神话之上。

---

① 被称作"童贞女"的耶稣之母马利亚，其膝下子女若干。（详见《马太福音》13：55—56）

《新约全书》的历史记述部分，但凡是关于耶稣基督的内容，都限定在相当短暂的时间段之内——不足两年——且全部发生在同一个国家，几乎是同一个地点，因此我们不能期待在此书之中同样发现大量用以发掘《旧约全书》谬误并证明它们是骗人之说的那些体现在时间、地点和历史情境上的不一致之处。与《旧约全书》相比，《新约全书》像是同一幕剧的滑稽戏，它不具备那种允许出现无数破坏文本统一性内容的空间。然而，除了那些假预言谬论，还有一些显而易见的自相矛盾之处，这些矛盾足以表明耶稣基督的故事是虚假的。

　　我先指出一个无可争辩的主张：首先，所有组成部分彼此协调一致并不能证明故事的真实性，因为各组成部分可能彼此协调一致，但整个故事仍然可能是虚假的；其次，各组成部分互不协调、彼此矛盾，这就能证明整个故事不可能为真。协调一致不为真实性作证，而不协调一致则肯定证明其为不实之辞。

　　耶稣基督的历史载于被认为是由马太、马可、路加和约翰所撰写的四部书卷之中。《马太福音》第一章开篇即是耶稣基督的家谱；而《路加福音》第三章同样给出了一份耶稣基督的家谱。即便两者一致，也不能证明这份家谱的真实性，因为它仍然可能是捏造的结果；然而若是二者在每个细节上都彼此冲突，那就绝对证明家谱有误。如果马太说了真话，则路加说的是错的；如果路加说了真话，则马太说的是错的。没有任何根据让我们更相信哪一方，因而也没有任何根据让我们相信任何一方。倘若他们在自己所说的第一件事情上就无法让人相信，那他们就没有权力让我们相信他们此后所说的任何事情。事实真相是始终如一的。至于感应与启示，倘若我们承认其存在，我们不可能会认为它们自相矛盾。要么那些被称为"使徒"的人是骗子，要么被认为由他们所写的书卷实则与《旧约全书》情况一样，作者另有其人但冒用了他们的名。

《马太福音》第一章第六节给出了由大卫王起始的家谱，一代代往后数，直至马利亚的丈夫约瑟，再到基督，共二十八代。《路加福音》则给出了从基督开始的家谱，经马利亚的丈夫约瑟，一代代往前追溯，直至大卫王，共四十三代。此外，两份家谱中唯一相同的两个人名是大卫与约瑟。在此，我同时附上这两份家谱名单，为了使其一目了然并便于比较，我已将二者记谱顺序调为一致，即皆从约瑟往前追溯至大卫①。

---

① 大卫出生与基督出生之间相隔一千零八十年，因为基督在生之年并未囊括在内，故总共只有二十七代。因此，为了算出名单中各人在其长子出生时的平均年龄，我们只需要用一千零八十除以二十七，得到平均四十岁。当时人们的寿命与如今相仿，我们不会荒唐地认为，这二十七代人在成家之前都是年老的单身汉；当我们被告知，大卫的下一代所罗门在其二十一岁之前就拥有满满一宫殿的正妻宠妾，我们更不会如此认为。这份家谱非但没有给出正经严肃的事实真相，它甚至都算不上一个听上去合情合理的谎言。路加所给的家谱中，各人平均年龄为二十六岁，这着实太离谱。

	《马太福音》之基督家谱		《路加福音》之基督家谱
1	基督	1	基督
2	约瑟	2	约瑟
3	雅各	3	希里
4	马但	4	玛塔
5	以利亚撒	5	利未
6	以律	6	麦基
7	亚金	7	雅拿
8	撒督	8	约瑟
9	亚所	9	玛他提亚
10	以利亚敬	10	亚摩斯
11	亚比玉	11	那鸿
12	所罗巴伯	12	以斯利
13	撒拉铁	13	拿该
14	耶哥尼雅	14	玛押
15	约西亚	15	玛他提亚
16	亚们	16	西美
17	玛拿西	17	约瑟
18	希西家	18	犹大
19	亚哈斯	19	约亚拿
20	约坦	20	利撒

	《马太福音》之基督家谱		《路加福音》之基督家谱
21	乌西亚	21	所罗巴伯
22	约兰	22	撒拉铁
23	约沙法	23	尼利
24	亚撒	24	麦基
25	亚比雅	25	亚底
26	罗波安	26	哥桑
27	所罗门	27	以摩当
28	大卫	28	珥
		29	约细
		30	以利以谢
		31	约令
		32	玛塔
		33	利未
		34	西缅
		35	犹大
		36	约瑟
		37	约南
		38	以利亚敬
		39	米利亚

《马太福音》之基督家谱		《路加福音》之基督家谱
	40	买南
	41	玛达他
	42	拿单
	43	大卫

　　如此看来，倘若这两个人，马太与路加，在尚且刚开始记述耶稣基督的历史以及基督其人其事时就出错了（这两份家谱表明他们的确如此），那哪里还有什么权威（如我从前所问）让我们相信其后他们所讲的各种怪事？倘若在记述基督以血统维系的家谱方面他们都无法让人相信，那当他们告诉我们他就是上帝之子、受一个幽灵的感应而生并且有一个天使把这个秘密告知其母亲时，又如何叫我们对此信以为真？倘若他们其中一人在家谱中作假，那我们又有什么理由要相信另一人？倘若这份自然沿袭的家谱是编造出来的——毫无疑问的确如此——那我们又有什么理由不去设想，这份承自上帝血脉的说法同样也是编造的结果，这整个故事都是想象出来的传说？但凡是个严肃审慎之人，他还会相信一则正常看来绝无可能、违反一切合乎体统之念且由一个已经被查明弄虚作假的人所讲述的故事，而将自己未来的幸福陷于危险的境地么？比起在无穷无尽的不大可能、非理性、非正

派且自相矛盾的故事方面公开发表个人见解，我们止步于信奉唯一上帝的简单纯粹的信仰——即自然神论，不是更稳妥么？

话虽如此，关于《新约全书》的第一个问题，如《旧约全书》一样，那就是：它们是真实可信的吗？确实由被认为是其作者的那些人所写？因为正是基于这唯一的依据，书中记述的那些怪诞之事才会为人所信服。关于这一点，不存在直接肯定性或否定性的证据；某事情或事物若处于这种状态，那它能证明的就只有：此事存疑；而存疑是信任的对立面。因此，这种证据是多么有力，这部著作所处的这种状态对它自己的不利证明就多么有力。

然而，除此之外，我们推测：被归为由马太、马可、路加和约翰所写的所谓"福音书"，其作者并非马太、马可、路加和约翰，而且它们是骗人之言。这四部书卷在历史记述方面的混乱无序状态、甲书对乙书中所述之事保持缄默以及彼此之间存在的不一致，这种种迹象都表明：它们是某些互不相关的人，各自在他们所妄称的事件发生多年之后进行加工制造、各人各编传说的结果。人称"门徒"的那些人被认为是亲密无间地同住一处，而撰写这些书卷的人则并非如此。总而言之，它们是假造之物，同《旧约全书》一样，并非由其书名所指的那些人所著，作者另有其人。

天使向约瑟显现教会称之为"圣灵感孕的无染原罪始

胎"，在被认为由马可与约翰所写的两部书卷中，并未占据太多篇幅，而《马太福音》与《路加福音》对此事的叙述各有不同。前者说，天使向约瑟显现；后者说，天使向马利亚显现；但是约瑟抑或马利亚，其中任何一个，都可能会被认为是最拙劣的证人，因为替他们作证的本该是其他人，而不是自己为自己作证。倘若现今有个怀孕的姑娘说，甚至是信誓旦旦地对人说，她腹中的孩子乃是受圣灵感应而来，一位天使是如此告知她的，人们会相信她吗？当然不会。那为何我们要相信一个我们素未谋面的姑娘身上会发生这种事，而且还是由一个我们并不知其真实身份的人、于不知何时何地讲述的这种事？这种情形往往会使我们不那么相信一个有一定可能性的故事，然而同样的情形却应该被当成一种动因，要我们去相信这则故事——它具备一切能表明它实则绝无可能且诳时惑众的特性——这是多么奇怪且不合逻辑啊。

希律王杀尽两岁以下孩童的故事只在《马太福音》中出现过，其余书卷都只字未提。倘若真有此事，照它的普及程度，所有作者都该有所耳闻，而且它是如此瞩目，谁都不至于略而不提。这位作者告诉我们，耶稣逃过了此次屠杀，因为约瑟与马利亚得到天使的警告，带着他逃往埃及；但他忘了给当时不足两岁的约翰（即施洗者约翰）作一番安排。尽管如此，落在后头的约翰后来活得和逃出来的耶稣一样好。如此看来，这则故事间接地证明了它自身的虚假。

这两位作者在记诵写在牌子上的耶稣名号时，措辞虽然非常简短，但并非字字相同。他们告诉我们，这写有名号的牌子，是耶稣被钉上十字架时插在十字架上的。除此之外，马可说，他是巳初的时候（上午九时）被钉上十字架；约翰说，那是午正（中午十二时）之时[①]。从午正到申初遍地都黑暗了。

这几部书卷中对耶稣之名的表述如下：

> 马太福音：这是犹太人的王耶稣。
>
> 马可福音：犹太人的王。
>
> 路加福音：这是犹太人的王。
>
> 约翰福音：犹太人的王，拿撒勒人耶稣。

这些情形虽然琐碎无奇，但我们可以由此推测，不论那些作者是何人、不论其生活在什么时代，他们都不在事发现场。被称为"门徒"的那些人里，看起来与现场比较接近的是彼得，但当他被人指控是耶稣的追随者之一时，书中写道（《马太福音》第二十六章第七十四节）：

> "彼得就发咒起誓地说，我不认得那个人。"

---

① 据《约翰福音》 19：4 所言，大约午后才行刑，因此把耶稣钉上十字架不可能发生在下午；但《马可福音》 15：25 明白无误地写着：钉他在十字架上，是巳初的时候。

而我们如今却被号召要相信这位彼得犯下了——据他们自己所言——伪证罪。那又是基于什么理由或何种权威，我们非得照做？

这四位作者关于耶稣被钉上十字架并亲历现场的叙述，在这四部书卷中各不相同。

被归为马太所写的这部书卷说的是：

> "从午正到申初，遍地都黑暗了——殿里的幔子从上到下裂为两半——地也震动——磐石也崩裂——坟墓也开了，已睡圣徒的身体多有起来的。到耶稣复活以后，他们从坟墓里出来，进了圣城，向许多人显现。"

这就是《马太福音》那夸夸而谈的作者所记述的内容，然而其他书卷的几位作者对此却并不买账。

在被归为马可所写的书卷中，其作者在详尽描述耶稣被钉上十字架的情形时，并没有提到任何地震之事、磐石崩裂、坟墓裂开，也没有提死人从坟墓里走出来。《路加福音》的作者在这些方面保持沉默。至于《约翰福音》的作者，虽然他记述了耶稣被钉上十字架的一切细枝末节，直至下葬，却是一字没有关黑暗——殿里的幔子——地震——磐石——坟墓的事，也没有提到那些死人。

如此看来，倘若这些事情确有发生，倘若这些书卷的几位作者生活在这些事情发生的时代，倘若人们所说的这几个人——即被称为"使徒"的这四位确实是马太、马可、路加与约翰，那作为名副其实的历史记录者，即便缺乏上帝感应的点化，他们也不可能不留下相关记载。假定这些事情是事实，它们如此臭名昭著，不可能不为人所知；它们又是如此重要，不可能不被人交相传扬。大地出现一丝一毫的震动，所有这些被称为"使徒"的人定然都是见证人，因为他们不可能不在场。坟墓裂开，死人复活并走进圣城，这比地震的意义更为重大。地震总是有可能的，且属于正常的自然现象，它证明不了任何事情；而坟墓裂开这种事却是超自然的，直接关乎他们的教义和追求以及他们的使徒身份和使命。倘若真有其事，那它会占据这些书卷的全部篇幅，会成为所有作者不约而同大书特书的主题；然而他们非但没有这么做，反而常常只对一些无足轻重的琐碎小事以及诸如"他如是说、她如是说"这种纯属东拉西扯的对话进行冗长而乏味的细节描述。相比之下，最具重要性的这件事——倘若它确实发生过——反倒单单只有一支笔虚头巴脑地胡侃一通，而且只有一位作者这么做了，其他三位甚至连一丁点暗示都不曾给过。

撒谎不难，难的是圆谎。《马太福音》的作者还没有冒失到说他自己看到了他们；但应该告诉我们，那些复活并进了城的圣徒是什么人，他们后来情况如何，以及谁看到了他们。他们从坟墓里出来时是赤身裸体、男女圣徒浑身都有着正常的皮肤呢，还是上下穿戴整齐且从何处得来的衣物？他们是否回到了生前的居所，收回他们的妻子、丈夫和财产，他们又受到了怎样的接待？他们是否正式提出申诉要求恢复其对生前财产的拥有权，还是采取行动与侵入的竞争者打起了官司？他们是继续生活在地表之上、重操旧业继续传教或做工呢，还是再死一次，或者自行回到了坟墓之中把自己活活埋葬？

　　一大群圣徒死而复生，没有人知道他们是谁，也没有人看到过他们，更多有关此事的记录一个字都没有；这些圣徒居然也没有什么事要告诉我们！倘若他们是此前预言过这些事情会发生（我们被告知如此）的那些先知，那他们肯定有很多话要说。他们可以告诉我们一切，而我们就会拥有先知死后所作的预言——他们生前所作的预言有了注解和说明，至少比我们现在拥有的预言要稍稍更如人意些。倘若他们是摩西、亚伦、约书亚、撒母耳和大卫王，那整个耶路撒冷都不会有一个未曾悔改的犹太人存在。倘若是施洗者约翰，且那个时代的诸位圣徒都在场，那每个人都会认识他们，并且他们会在传道和名声上盖过所有其他门徒。然而事实并非如此，这些圣徒只是被安排出面亮个相，如同约拿夜间生长的蓖麻，根本没有任何目的，只为次日清早枯萎。关于这则故事，我言尽于此。

　　紧随耶稣受难故事之后的，是耶稣复活的故事。前者与后者的情况别无二致，不论其作者是哪一位，各版本彼此矛盾之处相当多，以至于非常清楚地表明，这几位作者没有一个人在场。

《马太福音》表示，基督被安放在坟墓时，犹太人去见彼拉多，要求派一个看守或护卫将坟墓把守妥当，以防他的门徒来把他偷了去。在此番请求之下，坟墓门口的石头被封死，并派了个看守。而其他书卷丝毫没有提到此事，封死石头、护卫或看守一概未提。根据他们的记述，根本没有这些东西。然而，马太却在下一章接着讲这护卫或看守的故事，我可以从其结论部分留心到这一点，因为它有助于我们发现这些书卷的虚假之处。

《马太福音》继续讲述，书上说（第二十八章第一节），安息日将尽，七日的头一日，天快亮的时候，抹大拉的马利亚和那个马利亚来看坟墓。马可说是出太阳的时候，约翰则说是天还黑的时候。路加说，来看坟墓的是抹大拉的马利亚、约亚拿和雅各的母亲马利亚，还有与她们在一处的妇女；约翰则说，来的只有抹大拉的马利亚。在他们的第一批见证上，他们就是如此合拍！不过，他们似乎全都最了解抹大拉的马利亚：她是个交友甚广的妇人；我们不带恶意地推测，她可能是个风尘女子。①

——————————

① 兰达夫主教在其《悔罪书》中严厉谴责潘恩针对抹大拉的马利亚的这一推测，不过这项谴责实际上只适用于我们的英译本，有一章（《路加福音》第七章）章节标题显示，毫无由来地认定她是在耶稣脚上抹上香膏的罪人，从此无可挽回地给她打上了罪人的烙印。——原书编者

《马太福音》接着写道（第二十八章第二节）：

> "忽然地大震动。因为有主的使者从天上下来，把
> 石头滚开，坐在上面。"

然而，其他几部书卷并没有提任何地震之事，也没有提天使把石头滚开坐在上面的事；据他们所言，根本没有什么天使坐在那里。马可说天使①是在坟墓里面，坐在右边。路加说，有两个人站在旁边。而约翰说，两个天使在安放耶稣身体的地方坐着，一个在头、一个在脚。

马太说，那天使坐在坟墓外面的石头上，告诉两位马利亚耶稣要复活了，于是妇女们急忙离开坟墓。马可说，妇女们看见石头从墓门滚开，惊奇之下走进坟墓，看见天使坐在右边，告诉她们耶稣复活的事。路加说，有两个天使站在旁边。约翰则说，是耶稣基督本人把此事告知了抹大拉的马利亚，而且她并没有走进坟墓，只是弯腰低头往里看。

如此看来，倘若这四部书卷的作者要给法院提供不在场证明（因为此处试图证明的，即在超自然力量之下一具尸体凭空消失，恰恰具有不在场证明的性质），倘若他们像此处一样给出了同样彼此矛盾的证词，那他们就有因为作伪证而

---

① 马可说的是"一个少年人"，路加说的是"两个人"。——原书编者

被剪掉耳朵的危险了，而且是罪有应得。就是这样的证据、这样的书卷，被当作受上帝感应的结果，作为永世不变的上帝之言来欺瞒世人。

《马太福音》的作者在此番记述之后，讲了一个在其他书卷都无从找到的故事，此故事与我刚刚提到的如出一辙。"他们去的时候，"他说，（即在妇女们与坐在石头上的天使说完话之后）看守的兵有几个进城去，将所经历的事都报给祭司长。祭司长和长老聚集商议，就拿许多银钱给兵丁说，你们要这样说，夜间我们睡觉的时候，他的门徒来把他偷去了。倘若这话被巡抚听见，有我们劝他，保你们无事。兵丁受了银钱，就照所嘱咐他们的去行。这话（即他的门徒把他偷去了）就传说在犹太人中间，直到今日。

"直至今日"这种表述是一份证据，证明被认为由马太所写的这部书卷实则并非如此，而且它是在其记叙的那些事件发生很长时间之后才写成，因为这一表述本身暗含其间相隔了相当长一段时间的意味。倘若我们用这种方式谈论发生在我们所处时代的事情，那是不合逻辑的。因此，为了给它一个明白易懂的解释，我们必须假定中间至少隔着好几代人，因为这种表述方式会将我们的思路带往久远的古代。

同样值得注意的还有这则故事的荒谬性，因为它表示《马太福音》的作者思维不严谨且愚蠢可笑。他讲了一则在可能性方面自相矛盾的故事：因为虽然那名护卫——倘若真有护卫当值——可能在他人授意之下会说，尸体在他们睡着时被人偷走，而且为了以此作为他们没能阻止此事发生的理由，他们也会说，同样因为睡着而不知此事是如何发生、由谁偷走。然而，他们却被人教唆说，是耶稣的门徒所为。倘若一个人在睡梦之中对发生何事毫不知情，却提交了一份证据证明有事发生、如何发生以及何人所为，这种证据是不可能被接受的。它为《新约全书》作证倒还合宜，不过，但凡牵涉到事实真相，它就毫无立足之地了。

下面我将论述这些书卷中有关那桩被捏造的基督复活事件之后又被捏造出来的基督再度现身的证据。

《马太福音》的作者讲到，坐在坟墓口石头上的那位天使告诉两位马利亚（第二十八章第七节）：

> "基督从死里复活了。并且在你们以先往加利利去，在那里你们要见他。看哪，我已经告诉你们了。"

也是这位作者就在接下来的两节中（第二十八章第八至九节）让基督本人在天使告知两位妇女之后很快着同一个目的对她们说话，然后她们急忙离开坟墓要报给他的门徒；之后（第二十八章第十六节）又说：

> "十一个门徒往加利利去，到了耶稣约定的山上；

他们见了耶稣就拜他。"

与此对照的是，《约翰福音》的作者给我们讲了一个截然不同的故事，因为他说（第二十章第十九节）：

> "那日（就是七日的第一日）晚上（亦即据说是基督复活的同一天），门徒所在的地方因怕犹太人，门都关了。耶稣来站在当中，对他们说，愿你们平安。"

据马太所言，十一个门徒往加利利与耶稣本人约定的山上去见耶稣了，时间正是约翰所说的门徒聚集在另一处之时，且并未事先约定，而是因为怕犹太人偷偷进行。

《路加福音》的作者在第二十四章第十三节及第二十四章第三十三至三十六节各节中所作的记述与马太所言之间的不一致比之约翰更加突出：因为他清楚明白地说，（基督）复活当天晚上的聚集之地，乃是耶路撒冷，十一门徒聚集在那里。

如此一来，除非我们承认这些所谓的使徒们故意撒谎，否则这些书卷的几位作者都不可能是十一个被称为"门徒"的人中任何一个；因为，倘若如马太所言，这十一人于据说是耶稣复活的同一天去了加利利与耶稣在其指定的山上会面，那么在这十一人中，路加和约翰肯定占了两个。但是《路加福音》的作者说得清清楚楚，约翰也暗示了同样一层意思，即他们于同一天聚集在耶路撒冷某房舍内；而从另一方面来看，倘若如路加与约翰所言，十一门徒聚集在耶路撒冷某房舍内，那么马太肯定是十一人之一，但是马太却说，聚集之地在加利利的某座山上；结果这些书卷内给出的证据互相拆台。

《马可福音》的作者对加利利之聚不置一词，但他说（第十六章第十二节）：

> 基督复活以后，门徒中间有两个人往乡下去，走路的时候，耶稣变了形象向他们显现。他们就去告诉其余的门徒。其余的门徒也是不信。[1]

路加也讲了个故事，照他的叙述，耶稣在这编造出来的复活事件发生当天，一整天脱不开身，直到晚间。这就完全推翻了去加利利山上的说法。他说，这两个门徒——未言明具体是哪两位——于同一天往一个名叫以马忤斯的村子去，离耶路撒冷约有二十五英里。乔装改扮的基督和他们同行，与他们一起待到晚上，共用晚膳，然后在他们面前忽然消失不见，最后于同一天晚上在十一门徒聚集于耶路撒冷时再次现身。

关于这场编造出来的基督重现事件，各记述之间就是如此矛盾：这几位作者唯一一致之处，就是耶稣再现乃暗中偷

---

[1] 此节属于《马可福音》增补内容，旧版属于 16：8。——原书编者

偷进行之事，因为门徒聚集之地不论是在加利利的某座山上，还是耶路撒冷城内某门窗紧闭的房舍之内，这都是在避人耳目。这般躲躲闪闪，我们又该给它寻个什么理由？一方面，它直接违背了预想或编造出来的目的，即让全世界确信基督已经复活；另一方面，将此事公之于众，将会使这些书卷的各位作者在公众面前形迹败露；因此，他们有必要把它说成一件私密之事。

至于有关基督后来一时显现给五百多人看的叙述，那只是保罗的一面之词，并非那五百多人自己所说。因此，它只是单单某一个人给出的证词，这个人本身——由同一段记述可知——在当时据说是事情发生之际对它也是一个字也不相信。假定他是《哥林多前书》第十五章——这句话即出现在此章——的作者，他的证据像是某个走进法院信誓旦旦地说他此前发了假誓的人所给出的那种证据。一个人可能会明白一些事理，他也总有改变主意的权利，但这种自由并不适用于我们对事实真相的判定。

下面将要分析的是最后一幕，即耶稣升天。此处，犹太人所有的恐惧忧虑以及其他一切事物，必然都是根本不可能发生的事。倘若升天情况属实，那么，恰恰就是它能使整件事圆满终结；基于此，众使徒未来的真实使命，就是安心静待考验。加利利某山中洞穴内或耶路撒冷某门窗紧闭的房舍内私下里说的那些话，不论是宣言还是诺言，即便假定确实有过这样一番话，它们也不可能作为公开的证据。因此，我们有必要排除对这最后一幕场景加以否认与争论的可能性；而且如我在《理性时代》第一部所言，它应该像正午的太阳一样对公众可见；至少它应该像据传曾经发生过的耶稣被钉上十字架那样，呈现在众人的视线之中。接下来谈到问题的实质性细节：

首先，《马太福音》的作者对此一个字也不曾透露；《约翰福音》的作者同样如此。遇到这种情况，倘若升天一事确有发生，我们有没有可能会认为：这些假装对其他事物都力求精确详尽的作者会对这件事情不做任何记述？《马可福音》的作者漫不经心地一笔粗略带过，好像他厌倦了大肆渲染，或者觉得此事羞于启齿。《路加福音》的作者采取了相同的做法。即便在这两位作者之间，有关耶稣与门徒最后分离之地，也不具备明显的一致性。①

《马可福音》说，十一门徒坐席时，基督向他们显现，指十一门徒在耶路撒冷的聚集：作者把他所说的基督在聚集时说的话表述了一遍；然后紧接着（像学童结束一个枯燥乏味的故事那样）又说："主耶稣和他们说完了话，后来被接到天上，坐在神的右边。"然而，《路加福音》的作者却说，升天一事发生在伯大尼：耶稣领他们到伯大尼的对面，就举

---

① 《马可福音》最后九章属于伪作，耶稣升天的故事仅以《路加福音》 24；51 为准："被带到天上去了。"——多位古代权威此处略去若干词。——原书编者

手给他们祝福。正祝福的时候，他就离开他们，被带到天上去了。穆罕默德结局亦是如此。至于摩西，耶稣门徒犹大提到（《犹大书》第九节）："天使长米迦勒为摩西的尸首与魔鬼争辩。"倘若我们对这种虚妄的传说信以为真，不论相信哪一则，我们心中都缺乏对上帝恰如其分的尊奉。

至此，我已经仔细审读过被认为出自马太、马可、路加和约翰之手的四部书卷。当人们认为，从耶稣被钉上十字架到被称为"耶稣升天"之事发生，中间仅有数日之隔——显然不超过三四日——而且几乎所有情形据说都出现在同一地点，那么我相信，耶路撒冷不可能在任何记录下来的故事中找到这些书卷中出现的如此众多又如此显而易见的荒谬、矛盾和错误之处；其数量之多、触目之程度远远超出了我审读之初的预期，在撰写《理性时代》第一部时，我更是完全不曾料到竟会如此离谱。我当时手边既没有《圣经》，也没有《圣约书》可供参考，我也没法获取。我的处境日益危险，甚至命悬一线，因为我愿意在身后留下一些关于这个问题的看法，所以不得不写得飞快又简明。那些援引的内容都是凭记忆所得，但它们都引对了；我在书中提出的观点是我最为清晰明了、且长久以来深信不疑的信念所产生的结果——即《圣经》与《圣约书》是欺世惑众之作；即人类堕落的故事，耶稣基督是上帝之子、其以己身之死平息上帝之怒、其以那种怪诞的方式救赎世人的说法，统统都是凭空编造的传说，有辱上帝的智慧与力量；即唯一真正的宗教是自然神论，我当时及如今仍用它来指对唯一上帝的信仰以及对他道德品质的效仿，或践行人们所说的美德；也即我对未来幸福的全部希望正是建立在此唯一（就宗教而言的）信念之上。这就是我要表明的观点——愿上帝保佑我。

回到我们讨论的问题。虽然我们不可能在如此漫长的时期过后，从事实上确定这四部书卷的作者是何人（这一点足以让我们对其心存怀疑，而且恐怕我们并不愿相信），但是确定它们并非由被认为是其作者的那几个人所写，这并不困难。这些书卷中存在的矛盾之处揭示了两点：

首先，这些作者不可能亲眼见证或亲耳听闻其在书中记述的事件，否则他们就不会生出这些矛盾来；所以，这些书卷不是由被称为"使徒"的人所写，而使徒被认为是那些事件的目击者。

其次，不论这些作者是何人，他们捏造那些骗人之言时，并未彼此协同一致，而是各人写各书，互相之间不通消息。

同一证据若能证明以上二者之一，便能同样证明另一点成立；意即，这些书卷并非人称"使徒"的人所写，并且他们并未彼此协同一致。至于上帝感应，那是绝无可能发生之事；我们也可以试着把真理与谎言结合起来，以上帝感应之说和彼此矛盾之言的面目出现。

倘若这四人是事发现场的见证者或亲耳听闻此事，那么即便不曾谋取协同共识，他们对事情发生时间和地点的叙述仍会保持一致。他们各人对这件事都有所了解，实情个人自知，故而毫无必要达成任何共识。他们之间不会出现甲说地点是在某个国家的某座山上，而乙却说在某城镇的某房舍之内的情况；也不会出现甲说时间是日出之际，而乙却说是夜黑之时的情况；因为不管时间地点具体为何，他们所掌握的信息并无差别。

　　而从另一方面来看，倘若四人齐心编造一则故事，那么他们会使各自的叙述协调一致，彼此确证以支撑整个故事。这种协同弥补了此种情况下事实的不足，正如个人掌握的事实信息使上一种情况下的协同共识变得毫无必要。因此，相同的证明各作者之间缺乏协同一致的多处矛盾性表述同样也证明了叙述者对事实真相一无所知，（或者）而且也暴露了他们叙述中的虚假错误之处。因此，这些书卷既不是人称"使徒"的人所写，也不是彼此协同合作的骗子们所写。那么，它们是如何被撰写出来的呢？

　　有些人乐于认为，那些被称为故意为之或独出心裁的谎言着实相当过分，我并非其中一员；但在像《旧约全书》中那些被封为"先知"的人们身上又该另当别论：因为先知做预言，那是在宗教信仰方面的撒谎行骗。纵观所有其他事例，我们不难发现，在人们轻信盲从的助推之下，即便是简单的推测，也会逐渐蜕变成谎言，最终伪装成事实，在世人中间交相流传。无论我们什么时候能为这种事找到一个仁爱的原因，我们都不应该纵容它有任何机会造成危险。

耶稣基督的故事在他死后听起来像是一个总能引发各种令人毛骨悚然的想象、轻易为人所相信的鬼怪故事。没多少年以前，这种故事就围绕尤利乌斯·恺撒被刺一事，在世人之间口耳相传，它们通常都起源于暴力流血或无辜之人被处决的事件。在此类情况下，人的怜悯之心发挥助力，仁慈地为这故事添枝加叶。它渐渐愈行愈远，直到变成最确定无疑的事实。一旦放出来一个幽灵，人们的轻信盲从就会为它补足生平，为它的出现编织理由；甲有甲的说法，乙有乙的版本，直到冒出来形形色色关于这幽灵及幽灵主人的故事，其情形无异于这四部书卷中耶稣基督的故事。

耶稣基督的故事在讲述之中奇怪地混杂了情理上的正常性与逻辑上的不可能性，这是区分神话传说与事实的依据。他被描述为在人们关门闭户的状态下突然出现又突然离开，消失在人们视线里又突然再次现身，有如我们在想象某种非实体性物质时遇到的情境："然后他感到腹中饥饿，便坐在席中，享用餐食。"然而，讲述此类故事的那些人永远无法做到滴水不漏，于是情况就变成这样：他们告诉我们，他起身离开坟墓时，将衣物留在了身后；但他们却忘了给他准备其他衣物方便他后来现身，或者忘了告诉我们他升天之际又如何处置了这些衣物；他是全部脱掉了呢，还是穿着衣服升了天。在以利亚的例子中，他们足够谨慎地让他解下了斗篷；至于它何以在熊熊烈火中没被烧着，他们同样语焉不详，我们要是乐意，或许可以设想它是由火蜥蜴的皮毛制成的。

那些不太熟悉基督教会历史的人们或许认为，被称为《新约全书》的这部著作自从耶稣基督时代就已经存在，就像他们会认为，被归为摩西所写的那些书卷自打摩西时代就已存在。然而，历史事实恰恰与此相反：它出现在据说是基督生活的时代终结三百多年之后，此前根本不存在诸如《新约全书》这种著作。

被认为由马太、马可、路加和约翰所写的四部书卷何时出现，这完全是无法确定的事。能用来证明其作者是何人的证据根本没影，也无从得知成书的年代；而且它们也有可能被冠以其他任何一位被认为是使徒的人的名字，就像如今它们所称的那样。其初始原本，不被现存的任何基督教会所持有，仅有的只是两块刻字石板——他们假称是上帝在西奈山上亲手所写并授予摩西，如今归犹太人所有。即便他们拥有原本，也绝无可能证明上述两种情况中任何一种。这四部书卷写成之时，世上并无印刷术，因此除了手抄本，并不会出现任何其他公开流传的版本，这就意味着任何人都可能随性编造或篡改并称之为"原本"。我们能认为，以上帝的智慧，他会采取诸如此类太不牢靠的方式，将他自己和他的意志交付到人的手中吗？又或者，我们可以认为，把自己的信仰寄托在如此不可靠的事物之上是合情合理之举？我们无法编造也无法篡改，甚至无法模仿他创造的哪怕一片小草的叶子，但是我们却可以编造或篡改上帝之言，就像轻而易举地编造和篡改人类之言一样。①

　　大约在据说是基督生活的年代完结三百五十年之后，我所说的这一类著述零零碎碎地出现在形形色色的人手中。此时，教会已经自我发展了一套握有世俗权力的等级体系或者说僧侣统治体系，所以它开始着手把它们编集成一部法典，如我们现今所见，名为《新约全书》。他们决定通过投票——如我在《理性时代》第一部中所言——来确定在他们搜罗来的所有著述中哪些应该是上帝之言、哪些不是。犹太人的祭司们此前已经通过投票确定了《圣经》应该包含哪些

① 《理性时代》第一部发表不到两年，书中就出现了一句非我所写的话。具体说的是：《路加福音》是唯一为大多数信徒所铭记信奉之作。这话或许是真的，但说这话的人不是我。有人可能了解情况，把这句话作为批注，写在了英格兰或美国刊印的《理性时代》某个版本的书页底端。在此之后，印刷商将其并入正文，把我变成了说这话的正主。倘若这种事情在如此短暂的时期内尚且会发生，而且还有防止个人进行篡改的印刷技术予以支持，那么在远比这长久的时期之内，在缺乏印刷术且任何懂得书写之人都能制造出一份手本并称之为由马太、马可、路加或约翰所写的原本的情况下，还有什么事不会发生呢？潘恩在脚注中提到的这一假冒版《理性时代》给他招致了普里斯特利博士的严厉批评（见《致不相信哲学之人的信》，第75页），不过似乎是普里斯特利本人在他的引文中首次把美国版（1794）编辑添加的这条脚注并入潘恩的正文之中。此美国版《理性时代》增加了一条："韦德·莫舍姆据历史考证勘误校正。"普里斯特利将此句略去不提。在现代美国版中，我注意到上述脚注里出现了四处语言上的改动。——原书编者

书卷。

教会的目标是权力与利益，这是所有国家性教会机构的真实情况，其使用的手段是引发人的恐惧之心。所以倘若我们就此推测，在他们收集来的著述中，最神乎其神和不可思议的作品最有可能中选，这是说得通的。至于这些书卷的真实性，这次票选彻底堵死了我们逐本溯源的道路，因为源头就到此为止了。

然而，当时自称基督徒的人们，不仅在教义问题上，也在书卷的可靠性方面，存在相当大的分歧。公元 400 年前后，名为"圣奥古斯丁"的这个人与福斯德斯之间有一场争论，后者说："人们所称的'福音书'写于使徒们生活时代结束很久以后，作者是某些无名氏，因为担心世人不会相信他们在书中对其无从了解详情的那些事件的记述，故而假借使徒之名将其公之于众；各种颠倒错乱和自相矛盾的表述随处可见，以至于各书卷之间既没有一致性，也缺乏关联。"

他在另一处对鼓吹这些书卷是上帝之言的人们说："因而正是你们的先辈在我们主耶稣的圣典中加插了许多其他东西，虽则借其之名，但并不符合他的教义。这不足为奇，因为我们已经多次证明，这些东西并非主耶稣亲自撰写，亦非他的使徒所为，书中绝大部分内容乃是建立在传说与各种含混不清的转述之上，由不知道哪些具有犹太血统的人拼凑在一起，彼此之间几乎不存在一致性；然后他们竟以主耶稣使徒的名义将其公之于世，从而一并将他们自己的错误与谎言归咎于那些使徒。"①

读者从上述引文可以看出，《新约全书》各卷的真实性在票选其为"上帝之言"时就遭到否认，而且这些书卷被视为传说、伪作和谎言。然而，在火刑柱的助威之下，教会的利益占据上风，最终压制了一切质疑之声。奇迹层出不穷，指望我们会信以为真，而且不管人们信或不信，都被教导要表示相信。但是，法国大革命（通过奉送一股思潮）将教会从制造奇迹的权力殿堂里驱逐。即便有全部的圣徒鼎力相帮，大革命开始之后，它仍是一桩奇迹也造不出来了。它现在正需要奇迹，其迫切程度前所未有；而我们，即便没有未卜先知的能力，也可以给它下个定论，即此前所有的奇迹都是诡计和谎言。②

---

① 这两段话转引自布朗热的法文著作《使徒保罗传》；布朗热在书中提到相关内容时，援引了奥古斯丁反对福斯德斯的撰述。这位福斯德斯主教通常被称为"摩尼教徒福斯德斯"，奥古斯丁该著作题为《驳摩尼教徒福斯德斯卷三十三》，书中几乎摘录了福斯德斯力作的全部内容。

② 布朗热在其《使徒保罗传》中收录了从基督教会史及他们所说的教会长老所撰著作中摘选来的一些内容。这些内容揭示了在我们今日所见的《新约全书》票选为上帝之言时不同基督教派系各自奉行的主张。下列内容即引自该书第二章：马西昂派（基督教支派）认为福音书充满谎言。在基督教创立之初其信众数量极其庞大的摩尼教支派将《新约全书》拒斥为伪造之作，并把其他与之截然不同的著述当作权威典籍。克林妥派与摩尼派一样，不承认《使徒行传》。禁戒派既不认可《使徒行传》，也不认可《保罗书信》。克力索斯托姆在其有关《使徒行传》的一篇训诫文中提到，在他生活的时代——约公元400年——许多人对此书作者或书卷本身一无所知；生活在该时代之前的圣伊勒内指出，瓦伦提尼安派与若干其他基督教支派一样，指责这些经卷充满瑕疵、错误和（转下页）

我们想到据说是基督生活的时代与《新约全书》编纂成集时二者之间有着超过三百年的时间间隔，即便缺乏相应的历史证据，我们也必须看到，其在真实性方面存在着巨大的不确定性。虽然荷马是久至一千年之前的古人，但《荷马史诗》在作者问题上的真实性都远比《新约全书》更加确定。只有一位才情卓越的好诗人，才写得出《荷马史诗》，因此敢于尝试的人寥寥无几。能胜任此举之人，不会将这等声名拱手送给他人，而白白丢掉自己扬名立万的机会。同样，能写出欧几里得《几何原本》的人也是少之又少，因为其作者只能是一位才情卓越的几何学家，别无他人。

然而，再看《新约全书》各卷，尤其有关基督复活与升天的记述，任何懂得讲述妖魔鬼怪或死人复活进了城这种故事的人都能编出这种书来，因为故事讲述的方式实在太过于拙劣。因此，《新约全书》与《荷马史诗》或《几何原本》属于伪作的概率，前者同后二者相较那是百万比一。今日数不胜数的神父、牧师、主教及一切神职人员，其中每一个都能布道传教或者翻译拉丁著作片段；若这著作此前已

（接上页）矛盾。最开始的基督教徒伊便尼派或拿撒勒派拒斥《保罗书信》中的一切内容，并视此人为骗子。在他们提出的若干见解中，其中有一条即保罗原本是个异端分子：他来到耶路撒冷并在此地生活了一段时间，因有意谋娶祭司长之女而自行了割礼；然而此举并未让他如愿以偿，于是他便与犹太人争吵，撰文反对割礼、反对守安息日、反对所有法令。上述引文乃是作者大幅删减尼古拉·安托万·布朗热所著《使徒保罗传》（1770）相应节段后整理而成。——原书编者

被翻译过一千次，则尤其如此。但是，他们之中有谁能像荷马一样写诗或像欧几里得那样撰写科学之作呢？一个教区牧师的全部学问——除了极个别能人之外——加起来不过是简单的"一二三四"和"甲乙丙丁"；他们掌握的科学知识是：三乘以一等于三。倘若他们生活在那个时代，这点知识对他们编撰《新约全书》的所有书卷来说已经绰绰有余啦。

伪造的有利条件越多，诱惑也就越多。冒用荷马或欧几里得之名著书，可能根本无利可图。倘若他的写作才能与此二者不相上下，那他最好用自己的名字；倘若不如，他则不会成功。人的自尊自傲使他不会甘愿埋没自己的才能；而倘若才不如人，则谈不上后世这般成就。然而就《新约全书》这种著述来说，所有的诱惑都在伪作的一边。能被捏造出来的、最费尽心机的历史记述，在仅仅过了两三百年之后也不至于会被错当成具有真实作者姓名的原本。唯一可能行得通的做法就是伪造，因为教会需要让它的新教义有据可依，事实真相与真才实学根本不在他们的考虑范围之内。

人死而复生并站起来行走、因某些狂暴或非寻常手段而引出的怪力乱神这种故事（如前文所析）并不罕见；而且那个时代的人们惯于相信这种事：相信天使现身；相信魔鬼以及魔鬼潜入人的内心并使人像突发寒颤那样浑身乱颤；相信能像催吐药把人体内秽物催吐出来那样再次把魔鬼驱逐出去——《马可福音》告诉我们，抹大拉的马利亚曾经从身上或被人从身上赶出七个鬼——所以，此类故事中有一些被编排到了名为耶稣基督的这个人身上，并在此后成为被归为马太、马可、路加和约翰所撰的四部书卷的立足之基，这没什么离奇特别之处。每位作者讲述了一个他听来的故事，或者与之类似的故事，然后给他的著作安上一个传统上认为是见证者的圣人或门徒之名。能解释四部书卷之间存在诸多矛盾这一现象的，恰恰只有这一个理由。倘若不是这么回事，那它们就是彻彻底底的骗局、谎言和伪作，甚至人们的轻信盲从都无从为其辩护。

如前文引述的内容所言，它们是由某些具有一半犹太人血统的人写成的，这一点显而易见。他们频繁地提到为首的刽子手和"骗子"摩西以及被称为"先知"的那些人，这便是确证。另一方面，教会承认《圣经》与《圣约书》是彼此呼应的关系，这是对这套把戏的赞许。在犹太人基督徒和非犹太人基督徒中间，被称为"预言"和"被预言之事"的这种东西、"预示"和"被预示之事"、"兆头"和被视为"具有兆头意味"的事物，都被不遗余力地翻找出来，然后像老旧的锁头与窃贼的锁匙那样，两者接合配对。这则故事相当荒谬地讲到了夏娃与蛇，但又极为自然地联系上了人与蛇之间的敌意（因为蛇总会咬到人的脚后跟，其中原因乃是它没法够得更高；而人总会击打蛇头，因为这是防止被它咬到的最行之有效的做法）。①这则荒诞的故事，啊呀，已经被人转化成了预言、预示以及人类由此开始的承诺。还有以赛亚对亚哈斯所撒的谎："必有童女怀孕生子。"以此作为亚哈斯胜利的兆头，而事实上他却打了败仗（如上文对《以赛亚书》的分析所示）。这则谎言已经被滥用误用，且被人拿来当作往上爬的盘梯。

约拿与大鱼同样被人变成一种兆头和预示。约拿是耶稣，大鱼是坟墓，因为书中（他们通过基督本人之口说出此话来，《马太福音》第七章第四十节）说：

> "约拿三日三夜在大鱼肚腹中。人子也要这样三日三夜在地里头。"

然而事实上，这种说法真是自掘坟墓。据他们自己的记述，基督仅在坟墓里待了一天两夜，约三十六小时而非七十二小时：即星期五一晚与星期六日夜，因为他们说，他在星期日太阳升起时或升起之前就复活了。不过，因为这则故事与《创世记》中蛇咬人踢或《以赛亚书》中童女及其子的故事一样，正中他们下怀，所以它便顺理成章融入了那一套正统之说。关于《新约全书》及论证凭据，我言及于此。

---

① 女人的后裔要伤你的头，你要伤他的脚跟。——《创世记》 3：15

《保罗书信》——被归为保罗所写的书信集，共十四卷，几乎占据了《新约全书》的全部剩余篇幅。这些信件是否确实写给被认为是收信者的那些人，这无关紧要，因为其作者——无论他是何人——试图以论辩的方式，证明自己所持教义的正确性。他没有假装自己亲眼见证过任何关于耶稣复活和升天之事，并且宣称自己并不相信这些事。

他在前往大马色途中被天上的光四面照着扑倒在地的故事，没有任何有如奇迹或者异于寻常之处。他捡回一条命，许多被闪电击中过的人同样有这种经历。他三日不能看见，也不吃不喝，鉴于他的境遇，这也相当正常。与他同行的人看上去似乎没有如他那般遭罪，因为他们尚且还能拉他的手，领他走完剩下的路程。他们当中谁也不曾假装看见任何异象。

名为保罗的这个人的性格特质——据他自己所记述的内容来看——极为暴戾狂热。他此前极其狂热地迫害基督徒，之后对传教也抱以同样的激情。他被天上的光四面照过以后，想法有所改变，但性格仍然一如从前。不论身为犹太教徒还是基督徒，他都是狂热的信徒。不论他们宣扬什么教义，这种人从来都不是道德高尚的例证。他们总是走极端，行动与信仰皆如此。

他以论辩的方式致力于证明的教义，是同一具尸体的复活：他认为它是不朽的证据。然而，人们的思维方式千差万别，从同一前提得到的结论也各有不同，同一具尸体复活所揭示的教义，在我看来非但不是不朽的证据，反而是对不朽的否认；因为，倘若我的身体已经死亡，随后又在我死亡的这具身体中重新焕发生命，我们可以由此推论：我将再次死去。重新活过来不能保证我避得开一次次的死亡，就像一阵寒颤过去以后并不能保证我避得开下一次寒颤的复发。因此，为了相信不朽，我必须拥有的概念要比复活这一令人沮丧的教义中所包含的思想更为完善才妥当。

况且，倘若可以自由选择且有希望实现，我宁愿拥有一具比当下更好的身体和更适宜的外形。上帝创造万物之中，每一种动物都在某些方面强于人类：不必提鸽子或雄鹰，单单那些飞虫，也能在区区几分钟之内比人类在一个小时中越过更长的距离；最小的鱼类其游动之敏捷，人类几乎无法与之相比，而且它丝毫不觉疲累；即便是动作迟缓的蜗牛，也能从地牢的最底端爬到高处，而人因为缺乏那种能力则会死去；蜘蛛能把自己悬在空中，像是一种有趣的游戏。人类自身具有的能力是如此有限，他沉重肉身的构造如此粗陋，因而错失太多乐趣，乃至于根本没有什么动力会让我们希望保罗的主张正确无误。他的这种设想简直不具备任何重要性，这个话题也几乎谈不上具有任何崇高的意义。

然而，撇开所有其他论辩，存在意识是我们对来世唯一能想到的概念，这种意识的延续便是生命的不朽。存在意识或者说我们知道自己存在的意识，并不必然局限于同一种形态或同一种物质，甚至此生也是如此。

我们并非在所有的情况下都拥有二三十年前构成我们身体的同一形态，也并非同一物质；但我们还是会意识到，自己是同一个人。即便是几乎组成人类身躯一半的四肢，对人的存在意识而言也并非必然之物。人或许会缺胳膊少腿，但完整的存在意识依然留存。倘若以翅膀或其他附肢替代，我们不会认为它可能将改变我们的存在意识。简而言之，我们并不知道我们身体的构造之中到底有多少成分引发了这种存在意识，这些成分又有多么精巧；除此之外，剩下的就像一颗桃子的果肉，泾渭分明地区别于桃核中心那促使其生长的微小颗粒。

有谁说得上来，究竟是怎样的精巧之物通过怎样的精妙之举，使我们称之为"心智"的东西生发出某种思想来？而这思想一旦产生，就像现在我产生着我正在书写的思想，它就有可能变得不朽，它也是唯一具有这种不朽本领的人类生成之物。

铜像和大理石像终会腐朽消亡；仿照它们造出来的雕像并不是同一具雕像，也不是同一套工艺，就好比画像的复制品与画像原作并非同一事物。然而，将思想形成文字复写一千遍，使用任何材料——雕刻在木头或石头上——思想在所有情况下都始终如一。它有本事让其自身的存在不损坏分毫，不因为物质的改变而改变，而且在实质上独一无二；它的本质异于我们已知或能够想到的一切事物。如此看来，倘若事物本身具有不朽的本领，那么创造它的那种力量就不仅仅是一种象征，它与存在意识完全相同，并且也能永生不朽。它独立于首次与其发生关联的事物而存在，就好比思想独立于其首次呈现所仰仗的媒介而存在。我在这里提出的理念，并不比保罗的说法更难让人理解；而且我们看得出来，我此处所言是正确的。

存在意识并不依赖于同一种形态或物质而存在，上帝创造的万物已经向我们表明了这一点——只要我们的感官和理智能够接收到这种显现。动物王国中有不计其数的例子向我们传授对来世生命的信念，远比保罗出色。它们短暂渺小的生命，就类似于地球与天堂、现下与未来；我们不妨如此表述：它们构成了微缩世界的永生不朽。

我们眼见的万物之中，最美的当属飞虫，而它们原本并非如此。它们通过逐步转化获得如今这种形态和无可模仿的本领：今日尚且是迟钝爬行的毛虫，几天之后变得蛰伏不动，像是死去一般；而下一阶段却出现了微缩世界里华丽无比的生命蜕变，美丽的蝴蝶破茧而出。前后两种生物没有丝毫相似之处。一切事物都已改变。它所拥有的力量是新生的力量，生命对它而言是另一回事。然而我们不能就此认为，存在意识在这种生命状态下与此前并非同一。那么，为何我就必须相信，为了接续我在来世的存在意识而有必要复活同一具身体呢？

我在《理性时代》第一部中将宇宙万物称为真正且唯一真实的上帝之言。而包含在宇宙万物这部巨著之中的这个例子或者我所写的这部著作，不仅向我们揭示这种看法或许是正确的，也证实了事实的确如此。对未来状态的信念是理性的信念，它的立足之基乃是宇宙万物中可见的各种现实：因为，相信我们在来世会拥有比现世更好的状态和形态，比起相信一只毛虫会蜕变为蝴蝶而离开粪堆在空中展翅飞舞，前者并不比后者更难——如果我们不以事实来看待它的话。①

至于被认为是保罗所写的《哥林多前书》第十五章中出现的可疑晦涩之语——常常成为某些基督教支派成员葬礼的一部分——它与人们葬礼上敲丧钟一样毫无意义。它对人们的理解毫无用处，它对人们的想象没有做出任何指引，反而由得读者自行寻找意义——倘若他能找到的话。"凡肉体各有不同。"他说：

> "人是一样，兽又是一样，鸟又是一样，鱼又是一样。"

---

① 意即倘若我们把前者当作事实来看待，事情就简单得多了。——译者

理性时代 | 221

然后呢？没有下文。庖厨都可如此言说。他又说：

> "有天上的形体，也有地上的形体。但天上形体的荣光是一样，地上形体的荣光又是一样。"

然后呢，又没有下文。两者区别何在？他无可奉告。他接着说：

> "日有日的荣光，月有月的荣光，星有星的荣光。"

然后呢，依然没有下文；他只例外说了一句，这星和那星的荣光也有分别，而不是距离有分别。他或许还能告诉我们，月的荣光不及日的荣光。比起行巫之人的咒语套话，所有这些并没有好到哪里去；那行巫之人念念有词，至于念的什么，他自己一窍不通，目的只是为了迷惑那些前去算命的轻信盲从之人。神职人员与行巫之人从事的乃是同一类行当。

保罗有时假扮成博物学家，借植物生长的原理来验证他对耶稣复活这一见解的正确性。"无知的人哪，"他说，"你所种的，若不死，就不能生！"对此，我们或许可以仿照此话答他一句说，无知的保罗哪，你所种的，若不死，就能生；因为死在土里的种子永远不会生，也无法生长。只有不死的种子才能长成粮食。不过这则隐喻无论从哪个角度解读，说的都不是同一回事。它讲的是接续性发展，而不是死而复生。

某种动物从一种形态发展成另一种形态，如毛虫蜕变成蝴蝶，适用于复活这种情况。但是，植物种子的例子则并非如此，它表明保罗就是他称呼别人的那种人：一个无知的人。

被归为出自保罗之手的这十四卷书信，是否真的由他所写，这无足轻重。它们要么是论辩性质的，要么是教条主义。又因为论辩性内容存在缺陷，教条性内容仅仅只是推测，这并不能揭示作者是何人。《新约全书》的剩余书卷也可作如此论断。教会——自称为基督教教会——所宣扬的学说其立足之基不是"使徒书信"，而是包含在被认为是马太、马可、路加和约翰所写的所谓"福音书"之中，以及捏造的各种预言之中。"使徒书信"无法独立于这些书卷而存在，因此必然落得同样的下场。因为倘若耶稣基督的故事是编造的，那么所有把它认作事实而以之为立足之基的推论，都会随之一起土崩瓦解。

我们由历史可知，此教会的主要领袖之一亚塔那修就生活在《新约全书》编集成书的时代。[1]从他称之为"教义"并留给后世那套荒唐难懂的话语中，我们也了解到编纂《新约全书》那些人的特性。由同一段历史，我们还知道，构成

---

[1] 据教会年表记载，亚塔那修死于公元371年。

这部著作集的那些书卷，其真实性在当时就遭到了否定。然而正是根据诸如亚塔那修这类人的投票结果，《圣约书》被裁定为"上帝之言"。通过票选来裁定上帝之言，在我们看来没有比这更荒诞离谱的事了。那些将其信仰建立在如此权威之上的人们，把人类放在了上帝之位，其未来的福祉缺乏真正的根基。然则，轻信并非犯罪，但倘若拒绝承认，那它就成有罪的了。在良知的子宫之内，它扼杀了其意在查明事实真相的各种努力。我们永远都不应该把对任何事物的信仰强加在自己身上。

在此，我将结束对《旧约全书》与《新约全书》的剖析。我用以证明它们属于伪造之作而呈现的证据，乃是摘自这些著作本身，并且这些证据就像一把双刃剑，无论怎样都有其用武之地。倘若证据被否，著作的真实性也随之被否，因为证据就是著作本身提供的证据；而倘若证据有效，著作的真实性则同样不能成立。《旧约全书》与《新约全书》中对不可能发生且彼此矛盾的记述使得它们自陷于一种自毁城墙的境地。这些证据要么证明其犯了作伪证之罪，要么使其名声一败涂地。

倘若《圣经》与《圣约书》自此倒塌，成就此事的那个人并不是我。我不过是从其书卷混沌含混的一团乱麻之中挑出了一些证据，并以清晰易懂的方式一一呈现在读者面前。完成此举之后，我留待读者自行决断，如我自有决断一样。

结语

我在《理性时代》第一部提到三种骗术，即神迹、奇迹与预言；在所有针对此书而作的回应中，哪怕是稍稍影响我在这些方面所作论述的观点，我也一个都没有发现。因此在这第二部中，我将不再赘述。

我在上部作品中同样讨论了人们所称的"启示"，并揭示了这一说法在《旧约全书》和《新约全书》中荒谬的误用。因为毋庸置疑的是，任何事情，当叙述人在其中充当着行事者或见证人的角色时，启示根本无从谈起。人们做过或亲见过的事情，不需要任何启示来告诉他，他做过或亲见过——因为他已经知晓——也不需要启示来使他能够讲述或撰写出来。在这种情况下使用"启示"一词，那是愚昧或欺骗的行为。《圣经》与《圣约书》就被归为此类全属启示的欺诈之言。

如此一来，只要这个词涉及上帝与人类，它就只能被用于上帝随自己的意旨向人类显现的事物。然而，虽然上帝对这种沟通所具有的全能之力必然为我们所承认，因为这种力量能行一切事，但是向人类启示的事物（附带地说，倘若真有被启示之事，我们也无法证明）仅仅只为受启示之人个人独有。他向别人讲述此事，并不等同于启示。任何对这种讲述抱以信任之人，都只是把信任放在了讲述此事的人身上；而这个人则可能只是受到蒙骗或做了梦而已，抑或他可能是个骗子在撒谎骗人。我们没有任何可行的标准来判断他所讲的内容是真是假，因为即便这些内容符合道义，也不能以此证明启示的存在。在所有此类情况下，适切的答案应该是："当它被启示给我时，我会相信它就是启示；但在此之前，我并没有义务、它也不能要求我相信它会是启示。倘若我把人类之言当作上帝之言、把人类置于上帝之位，那也是不成体统之举。"这就是我在《理性时代》第一部对启示所抱持的态度和立场。这种态度和立场在承认启示有可能发生的同时——因为如我前文所述，对上帝而言，一切事皆可行——也防范着某个人对他人的欺骗，并排除虚假启示被人用来行邪恶之事的可能性。

虽然就我个人而言，我承认启示存在的可能性，但是我根本不相信上帝曾经采取过任何沟通方式、使用任何语言或通过任何兆头、显现或以任何我们的感官和理智能接受的方式向人类传达过任何讯息。我只认为，上帝启示人类的方式，就是将其自身无所不在地展现在宇宙万物之中，并让我们自然地对各种恶行怀有嫌恶之心以及对善举怀有偏爱之情。①

最招人憎恨的邪恶之事、最令人发指的残酷行径以及最深沉厚重的苦难，让人类深受其害，它们都起源于这一所谓的启示或受到启示的宗教信仰。它是自人类诞生以来被到处鼓吹的、最不知羞耻且有违上帝之德的一种信念，对人类的道德、平和与幸福最具毁灭性。若说我们承认一千个魔鬼在肆意游荡、四处宣扬魔鬼奉行的教义——倘若这是可能发生之事且存在这种教义——比起我们允许像摩西、约书亚、撒母耳和《圣经》先知们这种骗子和残暴之人口中说着捏造出来的"上帝之言"出现在我们的生活中骗取我们的信任，前者简直要明智得多。

《圣经》中俯拾皆是的这些屠戮杀尽一国又一国男女婴童的骇人行径，从那时开始把整个欧洲大陆拖入遍地流血、死气沉沉之境的血腥迫害把人活活折磨至死，以及一场场宗教战争，所有这一切都是从哪里冒出来的呢？除了这一亵渎上帝的所谓天启宗教、这一认为上帝曾亲授人类

---

① 当时有一则与此非常相似但不为人知的康德格言："有两种事物使我的灵魂充满惊奇与敬意，当我凝神深思其中道理时，这种情感反而愈发强烈：它们就是我头顶繁星闪烁的天空和我内心秉持的道德准则。"（见《实践理性批判》，1788）。康德在法国大革命之初关于宗教的言论给他招致了一道皇家缄口令，因为他从"内心秉持的道德准则"中琢磨了一套有关人类平等的基本信念，这种原则与潘恩从贵格会所主张的人人拥有的"内心灵光"中琢磨出来的信念有着惊人的相似。大约在同一段时期内，潘恩的著述在英格兰也遭到查禁。潘恩不谙德文，但是在康德这边，虽然他在构建自己的学说时始终保持独立，但他显然相当熟悉出现在美国、英国和法国等地关乎大革命的各类著述。——原书编者

犯下各种恶行的怪诞可怕之说，还能源于何处？《圣经》中的各种谎言催生了前者，《圣约书》中的各种谎言促成了后者。

有些基督徒假称基督教的建立并没有借助刀剑之利，那就要看他们指的是哪个阶段了。十二个人手握利剑开始创立宗教，这种事不可能发生：他们没有这种力量。然而一旦基督教徒们开始发展壮大，强大到足以挥动刀剑、堆起柴垛并竖起火刑柱，他们片刻也不曾迟疑。穆罕默德亦不例外。本着同样的精神，彼得削掉了大祭司仆人的耳朵（倘若故事是真实的）。若他办得到，他也可能砍下他主人的头颅。除此之外，基督教原本就是建立在（希伯来）《圣经》基础之上，《圣经》则完全是依靠刀剑而得以确立的，而且耍起刀剑来恶劣至极——不是恫吓，而是灭绝净尽。犹太人不会让人改宗皈依，他们屠戮殆尽。《圣经》是《新约全书》之父，二者都被称为"上帝之言"。基督徒们诵读这两部著作；牧师们同时以这两部著作为依据布道；所谓的基督教或基督教精神同时由这两者构成。如此看来，基督教的建立没有借助刀剑之利这种说法是错误的。

唯一没有迫害异教徒的基督教支派是贵格会教徒。而唯一可以被拿来解释这一现象的，是与其说他们是基督徒，更确切而言，他们是自然神论者。他们不太相信耶稣基督其人其事，他们把那些经卷称为死信。①倘若他们有一个"更坏"的名称，他们就会更接近真理。

把天启宗教宣扬的所有观念当成危险的异端邪说和亵渎上帝的骗局，将其驱逐，这对每一个对造物主心怀崇敬、希望减少人为的苦难、把在人间造就越来越多迫害的根由彻底拔除的人而言，是义不容辞的责任。从这虚假的所谓天启宗教中，我们学到了什么呢？对人类有用的，丝毫没有；给造物主带来耻辱的，它尽干这种事。《圣经》教给我们什么呢？怨怼、残忍和杀戮。《圣约书》教给我们什么呢？让人们相信，上帝引诱了一个已有婚约的妇人；相信这次引诱确有其事的人们，才会被称为"心怀信仰"。

至于这些书卷中毫无章法地零星散落在各处的道德训诫碎片，它们并不是天启宗教这一虚假之物的组成部分。它们是人的行为受到良知召唤后，自然产生的结果；是一种纽带，把社会联结为一个整体；没有它们，社会无法存在。而且在所有的宗教信仰、所有的社会群体中，它们几乎没有差别。《圣约书》在这方面并没有提供任何新鲜见解。它一旦妄图超越，就会变得刻薄且荒谬可笑。关于人不要以眼还眼、以牙还牙的教义，《圣约书》中的表述远不及杂合了非犹太人与犹太人著述的《箴言》。后者写道（第二十五章第二十一节）：

---

① 就早期贵格会教徒——潘恩的父亲亦在其列——所抱持的信仰而言，这是一份有趣且符合事实的证言。——原书编者

"你的仇敌，若饿了就给他饭吃。若渴了就给他
水喝。"①

而《圣约书》中说的是：

"有人打你的右脸，连左脸也转过来由他打。"

这是在践踏人克制忍耐品行的可贵与高尚，把人糟践成
卑躬屈膝的可怜虫。

仇敌之爱是另一则故作道德高尚之态的教条，而且毫无
意义。一个道德高尚的人不报复仇敌，那是理所应当。在政
治层面，这种做法同样可取，因为冤冤相报何时了，复仇永
无止尽。甲报复乙、乙回敬甲，然后称为公平正义。然而，
以爱报怨，倘若此事行得通，那就相当于有人犯了罪却给予
他奖励。除此之外，"仇敌"这个词过于模糊泛化，不能用

---

① 据《马太福音》中人们所说的基督"山上宝训"，除了某些其他善举，书中还记
述了大量这种故作高尚之态的行为。它清楚地提到，关于自制忍耐或者不要报
复仇敌的教义，根本不是来自犹太人所尊奉的教义。既然这一教义出现在《箴
言》卷中，它必定是从非犹太人那里摘录而来，基督亦是从他们处得知。就犹
太人的《旧约全书》而言，比起我们在其中或《新约全书》中可以找到的相关
教义，犹太人和基督教的偶像崇拜者们侮蔑性地称为"异教徒"的那些人对正
义和德行有着更好、更清晰的认识。"什么样的政府是最完美的民选政府？"古
希腊雅典政治家梭伦对这个问题的回答自他那个时代以来，至今仍未有人超
越，它被视为包含了政治道德准则："那样的政府就是，"他说，"当一个至为
卑贱之人受到最轻微的伤害时，此举会被认为是对整个政体的一种侮辱。"梭伦
生活的年代要比基督早五百年。

在必须如箴言那样始终清晰明确的道德准则之下。倘若一个人因为误解和偏见而成为他人的仇敌，就好比宗教观，有时是政治观，各持己见的情况；那么，此类仇敌与某个心中揣着犯罪动机的仇敌，那完全是两回事。我们有义务对一件事怀着它将会承受的、最良善的意图，这也有益于我们自己获得内心的平和。然而，即便是他自己这种有违常理的动机，也不能成为使他爱仇敌的动力。如果说我们可以自发地爱，不需要任何动力，那从道德上和实质上来讲，都是不可能的事。

把不可能履行的义务强行塞给道德，这原本就是对道德的伤害，而倘若可行，那会导致罪恶的产生；或者如前文所言，那会是对罪行的奖励。我们会奉行的行为准则，并不包括这种要爱仇敌的奇怪教义，因为没有任何人会期待着自己因为罪行或仇恨而被人所爱。

那些鼓吹要爱仇敌的人，往往就是最厉害的迫害者，这种行事方式符合他们的一贯作风。因为这种教义是虚伪的，伪善之人言行不一，那是很自然的现象。就我个人而言，我不信奉这种教义，并且把它视为一种伪装或言过其实的道德。不过，会说出"我迫害了他，或别的什么人，或好些人"这种话的人并不存在；美国独立战争中不存在，法国大革命中也不存在。又或者，不论什么情况，会说出"我以怨报怨"这种话的人，也是不存在的。话虽如此，以德报怨或以善报恶，却也不是人们理所应当采取的行为。这种事无论发生在何处，它都属于个人自愿自发的行为，而不是一项义务。倘若有人认为这种教义能构成天启宗教的一部分，那同样是荒谬可笑的。我们通过彼此忍耐来效仿造物主的美德，因为他对一切事物怀着忍耐之心；但是这则教义会让人觉得，他爱世人，但是他的爱并非恰如其分，所依据的不是这个人有多高尚，而是他有多邪恶。

　　倘若我们考虑过自身处境的本质，我们就一定会发现，根本不存在任何场合需要这种天启宗教出现。我们想要了解什么呢？天地万物、我们所见的宇宙难道没有向我们展示统摄管控着一切的上帝全能之力的存在么？比起我们能在书中读到、任何骗子都可能伪造并称为"上帝之言"的那些东西，这万物呈现在我们感官和理智面前的这份证据，难道不是强有力得多？至于道德，对它的认识存在于每个人的良知之中。

　　言及于此，虽然我们无法想象，但上帝全能之力的存在已经相当明晰地展示在我们面前，因为我们不可能想象得出这种力量存在的本质与方式。我们无法想象自己是如何来到此世，但是我们可以确定的事实是：我们身在此世。我们同样必须知道，这创造我们的力量——倘若上帝乐意并当他乐意的时候——会让我们有能力自行解释我们活在此世的方式。因此，在不刻意寻找任何其他动力来树立这种信仰的情况下，我们明智的做法是：相信上帝总有一天会这么做，因为我们预先就知道他能这么做。我们只需要明白一点：此事发生的概率很高，或者甚至只是有可能发生，这就足够了。因为倘若此事已成事实且为我们所知，那么我们将只会被恐惧奴役；我们的信仰将变得毫无价值，我们最良善的行为也算不得任何美德。

在排除被骗的可能性的情况下，自然神论传授给了我们一切有必要了解或适合我们了解的事物。宇宙万物是自然神论者的《圣经》。它在造物主亲笔所撰的著述里领会它的存在和它力量恒久不变的性质，所有其他《圣经》和《圣约书》在它看来都是伪作。我们将来有可能受到上帝召唤去解释我们的存在方式。这种可能性，对擅于沉思的人来说具有信仰般的影响力；因为，能不能创造事实，这不是我们相信或怀疑所能决定的事。这是我们作为自由行动者现在所处的处境，这也是我们应该的处境；所以，只有无知的人——不是哲学家，也不是谨慎之人——才会像"世上不存在上帝"那样活着。

然而，信仰唯一上帝被混同于相信基督教教义中的怪诞谎言、记述在《圣经》中不切实际的奇人异事以及《圣约书》中晦涩且污秽的荒谬言行，凡此种种使得人们对唯一上帝的信仰变得岌岌可危，以至于人类的心灵像迷失在浓雾之中茫然不知所措。在一片迷惑混乱之中看待这一切，他分辨不清事实与虚妄；他无法对一切事物抱以信任，所以他产生了一种拒斥一切的倾向。但是，对唯一上帝的信仰不同于所有其他事物，也不应该被混同于任何其他事物。"三位一体"之说削弱了人们对唯一上帝的信仰。信仰种类的多样成倍增长，其实相当于给信仰做了除法；就像任何事物被分化为若干小份时，它会被相应地削弱。

通过这种方式，宗教变成了一种形式，而非事实；变成了一种观念，而非基本信念。道德遭到驱逐，为一种被称为"宗教信仰"的虚构之物腾出空间；而这种宗教信仰，其根源乃是一种被人想象出来的引诱行为。传道的是人，而非上帝。一次行刑， 是其信徒感恩戴德的对象。传教者像一群刽子手，用血在自己身上乱抹乱画，假装尊崇它给予的荣耀。他们对那次行刑的功绩价值进行单调乏味的布道，然后为耶稣基督被钉上了十字架而赞美他，为犹太人做下此事而大加鞭伐。

听了所有这些堆砌在一起后宣扬出来的荒谬之言，人们便把创造宇宙万物的上帝混同于基督教徒们编造出来的上帝，于是就像"根本不存在任何上帝"那样活着。

在人类发明的一切宗教体系当中，最有损上帝威名、最能使人盲目无知、最拒斥理性、最自相矛盾的，莫过于被称为"基督教"的这种东西。它太荒诞，人们没法相信；它太难以置信，没有说服力；它前后太不一致，人们没法践行。它使人类心灵变得迟钝，或者只制造出一些无神论者和宗教狂热分子。作为一种谋取权力的工具，它适用于独裁暴政；作为一种攫夺财富的手段，它使教士们的贪婪得到满足；然而对总体上人的善行来说，此世也好来生也罢，它没有任何助益。

唯一还没有被发明出来、自身拥有一切神圣本原证据的宗教，是纯粹而简单的自然神论。它一定是最先而且也将会是最后人类会相信的事物。然而，纯粹而简单的自然神论并不适用于那些暴政统治。在自然神论中，这些暴政统治不能把宗教当作一种工具抓在手里，而只能把它与人类发明出来的事物交相混杂，并把统治者本身的权力变成其中的一部分。自然神论也不能满足教士们的贪婪之心，这些暴政统治者只能把他们自己与其职责混入它的体系之中，并像政府那样变成整个体系中的一个政党。正是这样，形成了本不该如此的教会与国家之间的勾结暧昧关系；教会是人为的，国家是专制暴虐的。

一个人本该全心全意、坚定不移地信仰唯一的上帝。倘若他当真如此，那他的道德生活将会受到信仰力量的约束调节。他会敬畏上帝、敬畏自己，并且不会做任何无法隐瞒上帝与他自己的事。为了给这种信仰创造充分发挥效力的机会，我们有必要保持它的纯粹性和独立性。这就是自然神论。

然而，据基督教三位一体说，上帝的一部分由一个将死之人表现出来，另一被称为"圣灵"的部分则体现为一只飞翔的鸽子。在这种情况下，要想把人们对上帝的信仰自动依附在如此不着边际的虚妄之言上，那是不可能的事。①

---

① 名为《马太福音》的书卷（3：16）提到，圣灵仿佛鸽子降下，落在他身上。这里也可能说成是一只鹅；都是一样无害的生物；是鸽子是鹅，都一样是无稽之谈。《使徒行传》2：2和2：3提到，它好像一阵大风吹过，充满了他们所坐的屋子。又有舌头如火焰显现出来，分开落在他们各人头上；或许它还是双脚如火焰呢。这种不经之谈只适合巫婆巫师之类的志怪故事罢了。

让世人处于对造物主蒙昧无知的状态，这是基督教教会和所有由人类发明出来的其他宗教体系的阴谋诡计；就像让世人处于对其应有权利一无所知的状态，是政府的阴谋诡计一样。各宗教体系的虚假伪善，彼此旗鼓相当，且适合狼狈为奸。就神学研究在基督教教会殿堂里的位置来看，它是虚无的空壳，没有任何根基、没有任何基本信念、没有任何权威使其向前发展、没有任何成就、不能说明任何事情、产生不了任何结论。倘若我们没有掌握作为科学之基础的基本原理，任何事物都无法被当作科学来加以研究。而基督教神学即是这种情况，所以它是空无一物的虚假学说。

《圣经》和《圣约书》的文义总是引得众人争辩不休，二者的真实性也遭到否定；如此一来，与其像现在这样把它们当作依据来研究神学，我们更有必要做的是潜心拜读宇宙万物这部"圣经"。我们在那里发现的自然规律基本原理是永恒的，其起源是神圣的；它们是存在于这世上一切科学的基础，而且必定也是神学的基础。

我们只能通过上帝的作品了解上帝。我们无法设想他的任何特性，而只能遵循着指引我们的某些基本信念前行。倘若管窥上帝全能无限力量的方法不为我们所掌握，那么我们对其力量的认识就只是一个模糊混沌的概念。我们对上帝的智慧一无所知，只能了解它运作的顺序与方式。科学的基本原理产生了这种知识，因为人类的造物主即是科学的造物主，正是通过这一媒介，人类才能像面对面那样看见上帝。

倘若人被置于某种特定情形之中而拥有目极无限的视力，得以一瞥并深入思考宇宙的结构、记下若干行星的运行轨迹、它们不断变化外观的成因、它们旋转的准确顺序（甚至包括最遥远的彗星）、它们彼此之间的关联与制约，并且探知由造物主创立的、用来统摄调节整个宇宙的自然法则体系，那么他对造物主的力量、智慧、广袤与慷慨的认识将远远超过任何教会神学教给我们的内容。他会明白，人类关于科学的全部知识、人类使自己生存环境变得舒适宜人所运用的全部机械技术，都是生发于那个源头：他因为此情此景而心情振奋，因真理而信服的理智会随着知识的增长而增强，他的宗教信仰或崇拜之心会与他作为人而取得的进步融为一体。与宇宙万物遵循的自然规律基本原理密切相关的各行各业中，无论他从事哪一行——就如农业、科学与机械技术的一切都与之密切相关一样——比起他如今听到的任何关乎神学的基督教布道，前者将教给他更多关于上帝的知识，将让他更深刻地领会上帝对他的福泽恩赐。伟大的目标激发伟大的思想，深切的慷慨之心引来深切的感激之情，而《圣经》和《圣约书》中把人贱化成一副奴颜婢膝嘴脸的故事和教义只会招致人们的轻蔑鄙薄。

虽然人类无法真正抵达——至少现世无法抵达——我所

描述的境界，但他可以证明它的存在，因为他拥有关于上帝
创造宇宙万物所依据的自然规律基本原理的知识。我们知
道，最伟大的作品可以用模型加以表现，宇宙同样可以用这
种方式表现出来。我们测量一英寸或一英亩土地所依据的原
则，能用来测量长达百万的距离。直径一英寸的圆所具有的
几何学属性，无异于环绕整个宇宙的圆的属性。一个三角形
所具有的能用来在纸上说明轮船航行路线的那些属性，同样
也能用来描述海洋；而当它被用于刻画我们所说的天体时，
即便这些天体距离我们几百万英里之远，那些属性也会帮助
我们计算日食或月食发生的时间并精确到分钟。这些知识源
于上帝；而且正是从宇宙万物这部"圣经"之中，我们才学
到了这些知识，而非蠢话连篇、什么都没教给人类的教会
《圣经》。①

　　在科学和机械知识的助力下，人类使自己的生存环境变

----

① 　《圣经》编纂者们试图在《创世记》第一章就给出有关上帝创造万物的记述。
　　然而此举仅仅揭示了他们的愚昧无知，别无其他。他们硬说太阳出现之前有三
　　日三夜、有晚上有早晨；然而正是太阳的存在与隐匿才区分了白天与黑夜哪——
　　并且，正是日出日落才区分了早晨与晚上哪。此外，认为上帝会说"要有光"，
　　这真是幼稚又可鄙的想法。行咒之人对着他的杯与球念念有词时，用的恰恰就
　　是祈使句：麽哩吗哩吽，快快消失！——它极有可能就是从这里来的，摩西和他
　　的手杖就好比巫师和他的魔法棒。朗吉努斯称这种表述体现的是崇高的文体风
　　格；如此说来，巫师也是崇高的了，因为二者说话方式在表意和语法方面如出
　　一辙。作家和批评家们探讨崇高时，他们没有发现它与荒谬竟如此接近。这些
　　批评家们口中的崇高，与埃德蒙·伯克有关崇高与美的部分论述一样，它就像
　　茫茫雾海中若隐若现的风车，人们的想象会使它扭曲变形，时而像座飞来峰，
　　时而像位天使长，时而又像一群大雁。

得舒适宜人；倘若没有它，人与普通动物在外观与环境方面则几乎没有差别；而人类关于科学与机械的全部知识，都来源于宇宙这座伟大的机器及其结构。我们的先祖对被认为是世界形成早期阶段的天体运行锲而不舍且永不知倦的观测与思考，为我们带来了有关地球的此类知识。成就此事的，既非摩西和众位先知，也非耶稣基督和他的几位使徒。上帝是创造宇宙万物的伟大机械师、首位哲学家、传授一切科学之知的启蒙老师。那就让我们学着敬畏我们的师傅，并且铭记我们先祖所付出的努力吧。

倘若我们今日对机械一窍不通；倘若如我此前描述的那样，有个人能一瞥宇宙这座机器及其结构，那他会很快想到构建某些至少我们如今已有的机械制品。如此产生的构想在实践中将会逐步发展。或者，倘若一个宇宙模型，如人们所说的太阳系仪，呈现在他眼前并使之运转，那么他的头脑会产生同样的构想。这样的物体与这样的话题，在增加他作为一个人和社会成员而言颇有裨益的知识并且令他感到愉快的同时，还会为他提供远胜于《圣经》与《圣约书》那些蠢话连篇的书卷所能给予的、有关造物主的知识以及对造物主的信仰和人类对他心怀的敬意与感激；而以《圣经》和《圣约书》为依据传教布道的基督教教士们，无论其才能如何高绝，能讲到的也只有连篇的蠢话。如果人类非要宣教，那就让他宣扬有教诲意义的东西；且把人们知道其真实可靠的著述当作传教的依据吧。

宇宙万物这部"圣经"卷帙浩繁、书无止尽。科学的每一个部分——无论关乎宇宙的几何学、关乎动植物生命的各种体系还是关乎无生命物质各种属性的学说——既是树立信仰的著作，也是学习哲学的著作；既能令人心怀感恩，也能令人日益精进。或许我们可以说，倘若宗教体系中发生这种变革，那么每一位传教布道之人都应该同时是一位哲学家。如此一来，最确定无疑的就会是，每一间教堂都是科学的学堂。

正是由于偏离了亘古不变的科学规律和理性之光，并建立起一种所谓"天启宗教"的虚假之物，如此众多不着边际、亵渎上帝的虚妄之言才会加诸在造物主身上。犹太人把他变成人类的刽子手，其目的乃是为犹太人的宗教腾出空间。基督徒把他变成断送自家性命的杀人犯和一种新型宗教的创始人，其目的乃是为了取代并驱逐犹太人信奉的宗教。为了给这些事物寻找借口并承认其合法性，他们定然会推定上帝的力量或智慧存在瑕疵，或者他的意志变化无常；而意志的变化无常就是判断力存在的瑕疵。哲学家们都知道，造物主制定的法则永世不变，无论关乎科学规律的基本原理还是关乎物质的各种属性，皆是如此。那么，我们凭什么推定造物主在人类问题上的那些法则就会出现变数呢？

我的论述就此结束。我已经在拙作上述所有章节表明：

《圣经》和《圣约书》是欺世惑众之言和伪造之作。我静待本人呈现的、用以证明这一观点的证据受到任何能者之人的反驳。我把本书结语中提出的理念留在读者们的头脑之中。我敢肯定，在人们能就政治事务或宗教问题自由发表个人见解的时代，真理终将以破竹之势战胜一切虚妄之言。

Thomas Paine
The Age of Reason
Simplified Chinese Copyright © 2023 Shanghai Translation Publishing House

图书在版编目（CIP）数据

理性时代/（美）托马斯·潘恩（Thomas Paine）著；
罗娜译. —上海：上海译文出版社，2020.10
（译文经典）
　书名原文：The Age of Reason
　ISBN 978-7-5327-8532-2

　Ⅰ.①理… Ⅱ.①托…②罗… Ⅲ.①圣经神学—研
究 Ⅳ.①B972

　中国国家版本馆CIP数据核字（2023）第108936号

理性时代

［美］托马斯·潘恩 著 罗 娜 译
责任编辑/范炜炜 装帧设计/张志全工作室

上海译文出版社有限公司出版、发行
网址：www.yiwen.com.cn
201101 上海市闵行区号景路159弄B座
山东韵杰文化科技有限公司

开本787×1092 1/32 印张8.5 插页5 字数134，000
2023年8月第1版 2023年8月第1次印刷
印数：0，001—5，000册

ISBN 978-7-5327-8532-2/B·497
定价：55.00元

如有质量问题，请与承印厂质量科联系。T:0533-8510898